Fällt Ihnen die passende geistreiche Antwort auf die Bemerkung Ihres Kollegen, Kunden, Chefs, Partners … auch immer erst hinterher ein? Dann gibt es eine gute Nachricht für Sie: Schlagfertigkeit lässt sich trainieren. Allerdings hilft es nur wenig, wenn Sie sich im Schnellverfahren einige Patentrezepte und Phrasen aneignen, mit denen Sie Ihren Gesprächspartner »mundtot« machen, »niederbügeln« oder »an die Wand drücken«. Worauf es wirklich ankommt, ist Souveränität. Denn der Grund für mangelnde Schlagfertigkeit ist meist, dass sich Menschen in unangenehmen oder ungewohnten Situationen unsicher fühlen. Und wer unsicher ist, der findet keine überzeugenden Worte.

Der Kommunikationsexperte STÉPHANE ETRILLARD zeigt Ihnen in diesem Buch den Weg zu intelligenter Schlagfertigkeit. Er verrät Ihnen, wie Sie Ihre Persönlichkeit schulen, Ihr Charisma entwickeln, Ihre Stimme beherrschen, sich etwas emotionale Dickhäutigkeit zulegen und einfach in jeder Situation Herr beziehungsweise Frau der Lage bleiben.

Stéphane Etrillard

Gekonnt gekontert

Souverän, schlagfertig
und fair in jeder Situation

Hoffmann und Campe

1. Auflage 2004

Einbandgestaltung: b3K text und gestalt GmbH, Hamburg
Umschlagfoto: Getty Images / photodisc
Lektorat und Redaktion: Andreas Kobschätzky, Landsberg
Satz: Dörlemann Satz, Lemförde
Druck und Bindung: GGP Media GmbH, Pößneck
Printed in Germany
ISBN 3-455-09433-3

HOFFMANN
UND CAMPE

Ein Unternehmen der
GANSKE VERLAGSGRUPPE

Dieses Buch widme ich herzlichst Albert Metzler.
Danke für die so aufschlussreichen und kritischen Gespräche in der Villa Medici!

»Ein gelungenes Gespräch widerlegt das Vorurteil, Wert hätte etwas mit Länge zu tun.«

Stéphane Etrillard

Inhalt

Vorwort des Autors 11

Einleitung 15

Kapitel 1: Schlagfertigkeit 17
Schlagfertigkeit macht sexy! 18
Etwas Wortschatztraining 22
Die Macht des Fragens 24
Kreative Antworten 30
Sprüche helfen auch 31
Einige Techniken 33
Plädoyer für einen verantwortungsvollen Umgang mit Schlagfertigkeit 35

Kapitel 2: Positive Einstellung 39
Selbstbild / Fremdbild 40
Sie sind wer! 41
Was heißt kommunikativer Erfolg? 43
Das Kopfkino des Gesprächserfolgs 47

Kapitel 3: Blickkontakt 51
Die Angst vor dem anderen 52
Die Macht des Namens 53
Bauen Sie per Blickkontakt eine Brücke zum anderem auf 56
Lächeln macht erfolgreicher 59

Kapitel 4: Stimmpräsenz 63
Ihre Stimme ist Ihr Trumpf 64
Werden Sie zu einem Meister der sanften Töne 66
Der Ton macht die Musik 68
Stimme und Charisma 71
Konsequentes Training ist der Schlüssel zum Erfolg . 72

Kapitel 5: Charisma: Ruhende Ressourcen 75
Was ist Charisma? 76
In der Ruhe liegt die Kraft 81
Körpersprache 83
Sie sind ein Magnet 88

Kapitel 6: Emotionale Dickhäutigkeit 93
Zeigen Sie Stärke! 94
Schätzen Sie Situationen richtig ein! 96
Als ob Sie in einem Film wären – die Macht
der Dissoziation 96
Lassen Sie sich von ihren langfristigen Zielen leiten . 99
Zeigen Sie die Zähne – indem Sie lächeln! 103

Kapitel 7: Die Argumentation macht's! 107
Die Argumentation als Schlüssel zum Erfolg 108
Einige Argumentationsmuster im Überblick 113
Wenn nichts mehr hilft: die Entlarvungsmethode . . . 120

Kapitel 8: Dialektik 125
Die Kunst zu überzeugen 126
Dialektik – ein zweischneidiges Schwert 130
Setzen Sie faire Dialektik ein 133

Kapitel 9: Gespräche gibt's viele! 137
Die Psychologie der Gesprächsführung 138
Problematische Gesprächssituationen erkennen
und bewältigen 142

Achten Sie auf die Beziehungsebene 145
Die Macht des Zuhörens 148
Ich-Botschaften statt Aggressionen 155
Schwierige Gespräche meistern 157
Das Kritikgespräch 161
Das Anerkennungsgespräch 168
Forderungen ablehnen 172
Meetings heute – Chancen und Gefahren 174

Kapitel 10: Konflikte gekonnt lösen 179
Die gewaltfreie Kommunikation 180
Die Macht der Gefühle – Gefühle wahrnehmen und äußern 182
Offen statt gefangen in alten Mustern 186
Empathie und emotionale Intelligenz 188
Win-Win-Situationen schaffen 190

Schlusswort: So schließt sich der Kreis 193

Anhang: Zum Schluss noch ein paar Tipps 195
10+1 Tipps, wie Sie charismatischer wirken. 198
10+1 Tipps, wie Sie kommunizieren, ohne verbrannte Erde zu hinterlassen 199
10+1 Tipps, wie Sie faire Dialektik einsetzen 200
20+1 Tipps gegen Lampenfieber 203

Literaturverzeichnis 207

Stichwortverzeichnis 215

Kontakt 221

Vorwort des Autors

Bücher über Kommunikation und Gesprächsführung, Rhetorik und Dialektik gibt es wie Sand am Meer. Und zuletzt schossen auch die Ratgeber zum Thema »Kontern« und »Schlagfertigkeit« wie Pilze aus dem Boden. Allerdings wurden dort nur allzu oft standardisierte Formeln und allgemein gültige Regeln aufgestellt und den Lesern versprochen, sie bräuchten diese nur anzuwenden und wären dadurch so schlagfertig wie nie zuvor. Was wahrscheinlich in vielen Fällen auch stimmen mochte. Die Frage lautet allerdings: Hatten diese Menschen hinterher noch Freunde oder ihnen wohlgesinnte Kollegen und Mitarbeiter? Wohl kaum. Denn Schlagfertigkeit kann nicht als Ziel haben, immer und in jeder Situation *schlag*-fertig zu sein, um seinen Gesprächspartner »mundtot« zu machen. Ich beschäftige mich schon seit vielen Jahren mit diesem Thema und ich denke, es ist an der Zeit, aufzuräumen mit diesem Klischee einer Schlagfertigkeit, die nur ein paar Sprüche benötigt. Schlagfertigkeit setzt zunächst einmal Souveränität voraus, die entsteht, wenn man weiß, was man kann, und wenn das, was man tut und sagt, mit bestem Wissen und Gewissen geschieht. Und doch gibt es für jeden, das gilt natürlich auch für mich, immer wieder die eine oder andere Situation, in der man an seine persönlichen Grenzen stößt.

Es gibt viele Wege, die zum Ziel und zu einem guten Konter führen, und dieses Buch will Ihnen einige entscheidende

Schritte verraten, wie Sie Ihre Persönlichkeit schulen, Ihr Charisma entwickeln, Ihre Stimme beherrschen, sich etwas emotionale Dickhäutigkeit zulegen und einfach – ob mit Schlagfertigkeit oder ohne – in jeder Gesprächssituation »Herr (oder Frau) der Lage bleiben«. Vieles wird Ihnen vertraut vorkommen, einiges werden Sie vielleicht schon umsetzen und von anderem werden Sie noch nie gehört haben. Lassen Sie sich einfach überraschen! Gehen Sie offen an die Themen heran und greifen Sie sich aus meinem Supermarkt der Schlagfertigkeit genau die Produkte heraus, die Sie für eine gelungene Kommunikation brauchen. Probieren Sie auch einmal etwas Neues aus und lassen Sie sich so von neuen Gesprächserlebnissen verzaubern. Sehr schnell werden Sie merken, dass Sie Ihren Einkaufswagen nicht bis oben hin voll laden müssen. Sie können jederzeit wiederkommen und nachfassen. Nehmen Sie heute etwas davon, setzen Sie es Ihren Gesprächspartnern vor, beobachten Sie, wie diese auf das Erlebnis reagieren, und entscheiden Sie selbst, ob Sie diese »Kreation« nochmals auf den Tisch bringen. Meine Katze frisst Mäuse! Getreu diesem Motto wird auch in Ihrem Umkreis nicht jedes Kommunikationsgericht jedem schmecken. Für den einen darf es etwas würziger sein, der andere bevorzugt die ruhigere Atmosphäre. Was für den einen vollkommen verrückt klingt, ist für den anderen selbstverständlich. Betrachten Sie das, was Sie sagen und wie Sie etwas sagen, doch einfach einmal aus dem Blickwinkel Ihres Gegenübers. Sie werden staunen, abwinken oder nicken – und alles ist richtig und gut so. Lassen Sie sich von mir entführen in die Welt der Sprache und Kommunikation, in eine Sphäre der Rhetorik und Dialektik. Nutzen Sie dieses Buch als theoretische Basis und schaffen Sie sich dadurch eine Grundlage, um zukünftig noch effektiver zu kommunizieren und Ihre Mitmenschen – in allen Lebenslagen – mit intelligenter Schlagfertigkeit zu überraschen, und das im positiven Sinne. Jener Art von Schlagfertigkeit, die der amerikanische Schriftsteller Elbert Hubbard

(1856–1915) propagiert. Er schreibt, Schlagfertigkeit ist »jede Antwort, die so klug ist, dass der Zuhörer wünscht, er hätte sie gegeben«.

Warum ich dieses Buch geschrieben habe? Schon seit vielen Jahren arbeite ich als Kommunikationsexperte und nichts macht mir mehr Spaß, als eben jenem Geheimnis der intelligenten Schlagfertigkeit auf die Spur zu kommen. Gemeinsam mit anderen Menschen zu lernen, was Dialektik wirklich bedeutet und wie viel Spaß Kommunikation machen kann. In dieses Buch habe ich viele Erkenntnisse aus den letzten Jahren einfließen lassen. Sie werden feststellen, dass gleiche Themen unter verschiedenen Gesichtspunkten beleuchtet werden. Dies ermöglicht Ihnen, an jeder beliebigen Stelle des Buches einzusteigen. Je nachdem, zu welchem Themengebiet Sie Fragen haben oder in welchen Bereich Sie tiefer einsteigen wollen, schlagen Sie das entsprechende Kapitel auf und lesen ganz einfach quer. Außerdem soll dieses Buch Ihnen als Arbeitsgrundlage dienen. Machen Sie sich also Notizen an den entsprechenden Stellen, die für Ihr Weiterkommen entscheidend sind. Am Ende jedes Kapitels finden Sie einige Zeilen, die nur darauf warten, von Ihnen mit Leben, sprich Ihren Gedanken, gefüllt zu werden. Legen Sie je Kapitel Ihre drei wichtigsten Punkte fest und gehen Sie in die direkte Umsetzung. Dann holen Sie für sich den größtmöglichen Nutzen heraus. Sie werden merken, dass Sie von Tag zu Tag souveräner mit kritischen Gesprächssituationen umgehen. Ich wünsche Ihnen viel Erfolg und hoffe, Sie haben beim Lesen genauso viel Spaß und Aha-Erlebnisse wie ich beim Schreiben.

Da ich auch von anderen im Sinne der kooperativen Selbstqualifikation im Gespräch viel lerne und viel lernen will, würde ich mich freuen, wenn Sie mir, liebe(r) Leser(in), nach der Lektüre dieses Buches Ihre Anregungen oder Ideen mitteilen. Schreiben Sie mir auch, wenn Sie Fragen haben. Ich werde sie gerne für Sie beantworten. Gerne stehe ich Ihnen auch mit Rat und Tat zur Seite. Ich bin nur einen Telefonhörer oder eine E-Mail weit entfernt.

Ihr
Stéphane Etrillard

Wichtige Anmerkung: Um Ihnen die Lektüre dieses Buchs zu erleichtern, habe ich größtenteils geschlechtsneutral formuliert. Natürlich spreche ich aber in diesem Buch auch Sie, liebe Leserinnen, genauso an.

Vielen Dank für Ihr Verständnis!

Einleitung

Waren Sie schon einmal in den Vereinigten Staaten von Amerika, in Iowa? Die Menschen dort sind eine Sorte für sich. Ein Freund hat mir die Geschichte von dem Farmer aus Iowa erzählt, der gerade dabei war, seinen Zaun zu reparieren, als ein großer Range-Rover mit texanischem Kennzeichen vor seiner Nase hielt. Der Fahrer kurbelte die Scheibe herunter und fragte: »Na, wie geht's, Sportsfreund? Sagen Sie, gehört Ihnen der Boden hier?« – »Klar«, antwortete der Farmer stolz, »mir gehört alles hier: von dem großen Baum da drüben bis zu den Felsen dort hinten. Sechzig Hektar bestes Land.« – »Ja, da haben Sie schon ein ganz ordentliches Stückchen. Sie müssen wissen: Ich habe nämlich auch eins.« Wie die Texaner so sind, konnte er es natürlich nicht lassen, ein bisschen zu prahlen: »Aber meins ist ein klein wenig größer.« Darauf fragte der andere Farmer – wie es sich gehört: »Oh, wirklich? Wie groß ist es denn?« Der Texaner antwortete: »Also, wenn ich noch vor Sonnenaufgang in meinen Wagen steige und wie der Teufel fahre, dann kann ich verdammt froh sein, wenn ich bis Sonnenuntergang die Hälfte geschafft habe.« Der Farmer aus Iowa kratzte sein Kinn, besah sich das Auto und meinte dann: »Ja, ja, so einen Wagen habe ich auch mal gehabt.«

Das mit der Schlagfertigkeit ist so eine Sache und schon der amerikanische Schriftsteller Mark Twain (1835–1910) bestätigte: Schlagfertigkeit ist »etwas, worauf du erst 24 Stunden später kommst«. Der Volksmund bestätigt: Schlagfertigkeit ist das, was einem auf dem Heimweg einfällt. Oder etwas, das sich in jedem Ehestreit bewährt, vorausgesetzt, man verzichtet darauf. Gekonnt zu kontern mit intelligenter und fairer Schlagfertigkeit ist noch einmal um einiges schwieriger oder sozusagen die Kür, wenn die Pflicht lediglich darin besteht, zu kontern, egal was und egal wie. Kontern möchte jeder gerne können. Deswegen gibt es auch immer mehr Bücher zu diesem Thema. Die meisten davon beschäftigen sich jedoch nicht mit der fairen Art des Konterns – jener Art, die lady- und gentlemanlike Spaß macht – und zwar beiden Seiten.

Schon Rudolf Presber (1868–1935), Journalist und Schriftsteller, wusste: »Auf Erden die größte Pein heißt: auf Kommando geistreich sein.« Doch intelligente Schlagfertigkeit lässt sich lernen. Mit etwas Basiswissen und dem notwendigen Training, mit etwas Spaß an der Sache und guten »Sparringspartnern« wird die Kommunikation zwischen Menschen, die gekonnt kontern, zu einem puren Vergnügen. Damit nicht mehr passiert, was der deutsche Rechtsphilosoph und Politiker Friedrich Julius Stahl (1802–61) sagte: »Manche Leute werden hauptsächlich deshalb für gebildet gehalten, weil ihnen das wenige, was sie wissen, im richtigen Augenblick einfällt.« Und vielleicht besteht die wahre Kunst der intelligenten Schlagfertigkeit auch darin, nicht nur das Richtige am richtigen Ort zur richtigen Zeit zu sagen, sondern das Falsche im verlockenden Augenblick ungesagt zu lassen.

Kapitel 1: Schlagfertigkeit

»Es gibt kaum etwas Schöneres, als dem Schweigen eines Dummkopfes zuzuhören«, bemerkte einst der Kabarettist und Schauspieler Helmut Qualtinger. Immer wieder bestätigen Diskussionen und Konferenzen die Worte des boshaften Wieners. In Talkshows etwa legen viele Gäste zwar eine bemerkenswerte Zungenfertigkeit an den Tag, lassen aber geistreiche Antworten vermissen. Schlagfertigkeit scheint eine Kunst zu sein, die den meisten erst auf dem Heimweg einfällt. Dass es auch anders geht, bewies ZDF-Talkmasterin Maybrit Illner. Ein vorwitziger Journalist gab ihr einen Satz vor, den die Berlinerin beenden sollte: »Wenn Sabine Christiansen der Mercedes unter den Moderatoren ist, bin ich …« – Ihre spontane Antwort: »… der Lamborghini.» So gekonnt zu kontern wünscht sich mancher Debattierer hier zu Lande.

Die gute Nachricht: Schlagfertigkeit lässt sich tatsächlich trainieren. Allerdings taugen die häufig marktschreierisch angepriesenen Mittel allenfalls für sehr spezielle (um nicht zu sagen: konstruierte) Situationen. In meinen Workshops und Privatissima werde ich immer öfter mit der Erwartung von Teilnehmern konfrontiert, im Schnellverfahren Patentrezepte zu erlernen. Sicherlich gibt es diese Methoden und sie können in mancher Situation recht nützlich sein. Allerdings habe ich nach unzähligen Rhetorik- und Dialektikseminaren erkannt, dass der Grund für mangelnde Schlagfertigkeit oft darin liegt, dass die Menschen sich in ungewohnten Situationen zutiefst unsicher fühlen. Die Sicherheit schwindet in dem Maße, wie wir unser gewohntes Revier verlassen. Nachdenklich stimmt mich auch immer wieder der Wunsch von Teilnehmern, Methoden vermittelt zu bekommen, wie man andere Menschen »mundtot macht«, »niederbügelt«, »platt macht«, »an die Wand drückt«. In einem Buch wird dann zum Beispiel empfohlen, auf Zwischenrufe wie »Weichei!« mit einem »Schön, dass Sie sich vorgestellt haben. Mein Name ist übrigens ...« zu antworten. So einfach geht es meistens leider nicht. Deswegen heißt die weniger gute Nachricht: Das Beherrschen erfolgreicher Kontertaktiken erfordert Zeit und Souveränität. Dafür gilt intelligente Schlagfertigkeit auch als die große Kunst der Kommunikation.

Schlagfertigkeit macht sexy!

Wer schlagfertig ist, wird von vielen Menschen bewundert. Wer zur richtigen Zeit den richtigen Spruch auf den Lippen hat, wird von vielen Menschen beneidet. Wieso fällt mir nur nie so etwas ein? Schlagfertigkeit ist nicht nur die hohe Schule der Kommunikation, Schlagfertigkeit macht auch sexy. Vorausgesetzt, sie spielt sich auf einer fairen Ebene ab, verletzt den anderen nicht oder macht sich, zur Schadenfreude vieler, über einen Menschen lustig. Schadenfreude schlägt schnell in Unmut gegen denjenigen um, der sich auf Kosten eines anderen verbal in den Mittelpunkt drängt.

Oft werde ich in Seminaren gefragt, ob ich noch redlich kommunizieren kann. Leicht erstaunt hören meine Teilnehmer folgende Antwort: »Außer in den Seminaren benutze ich diese dialektischen Methoden und Schlagfertigkeitstechniken kaum, weil ich merkwürdigerweise kaum noch mit Angriffen konfrontiert werde. Aber die Möglichkeit, diese Techniken einsetzen zu können, gibt mir ein unglaubliches Gefühl von

Sicherheit.« Neulich wäre ich von einem Teilnehmer in einer Kaffeepause im Hotel fast erwischt worden. Er fragte mich: »Darf ein Mann in Russland die Schwester seiner Witwe heiraten?« Ich zögerte kurz und rettete mich dann blitzschnell mit folgender Gegenfrage: »Meinen Sie denn im zaristischen Russland oder in der UdSSR?« Im Nu hatte ich ihm den Ball wieder zugeworfen und er war baff. Übrigens, wenn Sie mit »Ja« geantwortet hätten: Der Mann ist tot, sonst hätte er keine Witwe.

Arthur Schopenhauer hat für die Streitkultur der Tricks und Kniffe den Begriff der eristischen Dialektik geprägt. Eris ist das griechische Wort für Streit; die Eristik steht im Gegensatz zur Logik, der Lehre vom schlüssigen und folgerichtigen Argumentieren. »Eristische Dialektik«, so Schopenhauer, »ist die Kunst zu disputieren, und zwar so zu disputieren, dass man Recht behält.« Die Begründung, warum die meisten Kontrahenten sich lieber an die Dialektik als an die Logik halten, liefert er gleich mit: »Wären wir von Grund auf ehrlich, so würden wir bei jeder Debatte bloß darauf ausgehen, die Wahrheit zu Tage zu fördern. Wer als Sieger aus einem Streit geht, verdankt es sehr oft nicht der Richtigkeit seiner Urteilskraft bei Aufstellung seines Satzes als vielmehr der Schlauheit und Gewandtheit, mit der er ihn verteidigte.« Daher ist für Schopenhauer die erfolgversprechendste Waffe, um sich in einem Streitgespräch gegen Angriffe zu behaupten, die schlagfertige Reaktion.

Der sichere Auftritt

Spitzzüngige Bemerkungen von der Kollegin, ungerechtfertigte Angriffe vom Innendienst, kritische Fragen vom Vorgesetzten und Einwände von Kundenseite – in Büros und im Umgang mit Kunden ist dies an der Tagesordnung. Um angemessen darauf zu reagieren, helfen uns keine Standardfloskeln. Einzig und allein durch ein souveränes Auftreten und intelligente Schlagfertigkeit können wir diesen Situationen erfolgreich begegnen. Wortgewandt und sicher kann uns kein »Gestänker« und keine »Anmache« wirklich etwas anhaben, denn wir wissen uns so zu wehren, dass der andere erstaunt ist, dass ihm »die Spucke weg« und die spitzzüngige Bemerkung »im Halse stecken bleibt«.

Beispiele gibt es viele und speziell Führungskräfte haben oft mit solchen meist ungerechten verbalen Angriffen von oben und unten zu kämpfen. Gerne geben sie den Druck, den sie teilweise von oben bekommen, nach unten weiter. »Ging das nicht schneller? Ich kann nur staunen, dass Sie mir das Ergebnis erst jetzt vorlegen.« Schade, dass Sie diese Zeilen jetzt nur lesen können, denn was fehlt, ist der Ton, der bekanntlich die Musik macht. Der Projektleiter, vom Vorstand entsprechend in die Enge gedrängt, trifft diese Aussage seinem zuständigen Bauleiter gegenüber auf eine sehr herablassende Art. Mit dieser Äußerung kann der Bauleiter im ersten Augenblick überhaupt nichts anfangen, weil er und sein ganzes Team in den letzten Tagen nur noch Überstunden geschoben haben, um dieses durchaus sehenswerte Ergebnis vorweisen zu können. Wenn ihm jetzt nur das Richtige dazu einfallen würde! Aber wie vor den Kopf gestoßen, wird er nur unsicher und stottert eine Entschuldigung zusammen. Was alles dazwischen gekommen ist, welche Probleme es gegeben hat – er verteidigt sich und die Rechtfertigungen bestätigen den Projektleiter und alle, die zuhören, nur in der Meinung, dass hier schlecht gearbeitet wurde, obwohl genau das Gegenteil der Fall war.

Auch wenn das leichter gesagt als getan ist: Lassen Sie sich durch einen unfairen Angriff nie in die Rolle drängen, dass Sie sich rechtfertigen oder verteidigen. Besser ist da schon eine schlagfertige Antwort, zum Beispiel: »Seit wann hat denn das Tempo etwas mit der Qualität der Ergebnisse zu tun?« Der Teamleiter hätte viel darum gegeben, wenn ihm diese Replik eingefallen wäre …

Gekonnt kontern als Instinkt?

Die Zeitschrift managerSeminare hat im Januar 2002 nachgefragt: Welche Strategie nutzen Sie, um unfaire Attacken des Gesprächspartners zu kontern? Hier die Ergebnisse dieser Leserbefragung:

- 49 Prozent reagieren betont sachlich – nach dem Motto: Hart in der Sache, verbindlich in der Form.
- 47 Prozent nehmen mit Humor die Spannung aus der Auseinandersetzung.
- 45 Prozent sprechen die unfaire Dialektik des Gesprächspartners offen an.
- 30 Prozent bringen den Gesprächspartner mit Rückfragen in die Defensive.
- 28 Prozent lassen den Angriff mit der Erwiderung »Darauf komme ich später zurück« ins Leere laufen.
- 24 Prozent machen bewusst eine lange Pause, bevor sie antworten.

Bevor ich auf alle diese Punkte noch detaillierter eingehe, möchte ich Ihnen vorher jedoch noch ein paar interessante Überlegungen anbieten. Was machen Sie, wenn Ihnen etwas aus der Hand rutscht oder Sie an etwas stoßen und der Gegenstand droht umzufallen? Richtig, instinktiv greifen Sie danach. Und wenn ein Ball auf Sie zugeflogen kommt, greifen Sie auch danach oder weichen geschickt aus, sobald Sie merken, dass ein »Geschoss« Sie treffen könnte. Stellen Sie sich doch einfach einmal vor, eine verbale Attacke ist wie ein solcher Ball und Sie könnten instinktiv ausweichen oder den Ball fangen und ihn geschickt zurückwerfen. Wäre das nicht wunderbar? Sie können Ihren Instinkt schulen und somit Ihre Geschwindigkeit erhöhen, wenn Sie auf Angriffe reagieren müssen. Und Sie können Ihren Instinkt schulen, damit Sie dann nicht nur voller Zorn und bösartig reagieren, sondern so schlagfertig, dass Ihrem Gegner – als hätte ihn der Konter-Ball mitten in die Magengegend getroffen – verbal die Luft ausgeht. Nicht bösartig kontern ist hier das Ziel, sondern intelligente Schlagfertigkeit an den Tag zu legen.

Etwas Wortschatztraining

Die meisten Menschen haben einen aktiven Wortschatz von 2000 bis 4000 Begriffen. Zwei- bis dreimal so viele Wörter kennen sie, verwenden diese jedoch nicht aktiv. Wenn Sie sich nicht ständig wiederholen wollen, kann es sinnvoll sein, neue Wörter dem aktiven Wortschatz hinzuzufügen und damit eine größere Auswahl und Bandbreite an Formulierungsmöglichkeiten zu haben. Gespräche werden dadurch lebendiger und Sie können sich auf die unterschiedlichsten Zuhörer oder Gesprächspartner auch besser einstellen. Rolf H. Ruhleder empfiehlt in seinem Buch *Vortragen und Präsentieren* folgenden Stufenplan:

1. Halblautes Lesen von Zeitungen und Zeitschriften (zum Beispiel Fachzeitschriften oder den Wirtschaftsteil). Das Ziel ist die gedächtnis- und verstandesmäßige Erfassung von Fachbegriffen und Fremdwörtern. So erweitern Sie Ihren passiven Wortschatz.
2. Ersetzen Sie neue, unbekannte Worte in der Zeitung durch andere Ihnen bekannte Ausdrücke mit sinngemäß gleicher Bedeutung.
3. Ersetzen Sie alle allgemeinen Ausdrücke im Text durch Ihnen unbekannte, sinnverwandte Begriffe. So erweitern Sie Ihren aktiven Wortschatz. Der zuvor erweiterte passive Wortschatz wird durch Aufnahme in den Sprachgebrauch zum aktiven Wortschatz.
4. Schreiben Sie Zeitungsberichte und Artikel um. Als gutes Beispiel dient hier das Umschreiben von Sportberichten, da sie sehr oft den gleichen Wortlaut haben.

Mir bleibt nur eines hinzuzufügen: Arbeiten Sie kontinuierlich an sich, ob fachlich oder darin, wie Sie dieses Fachwissen durch die beste Art der Kommunikation an den Mann oder die betreffende Frau bringen. Damit schaffen Sie auch eine elementar wichtige Grundlage für intelligente Schlagfertigkeit. Denn was könnte Ihnen Schlimmeres passieren, als wenn Ihnen bei aller Schlagfertigkeit im entscheidenden Augenblick das richtige Wort nicht einfällt?

An dieser Stelle einige Übungen, die Sie tagtäglich im Sprachgebrauch trainieren können.

1. Vermeiden Sie so genannte Stacheldrahtwörter oder Reizwörter, wie zum Beispiel »müssen« (Sie müssen, du musst), »ja, aber« und »trotzdem«. Wenn Sie sich einmal darauf programmieren, während eines Gesprächs auf diese Stacheldraht- oder Reizwörter bewusst zu achten, werden Sie staunen, wie oft Sie diese benutzen.
2. Manchmal hat man einfach nicht jeden Begriff sofort parat. Dann hilft etwas Kreativität darüber hinweg. Vielleicht umschreiben Sie einfach das, was Ihnen gerade nicht spontan einfallen will. Vielleicht zeichnen Sie zum Beispiel einfach mal eine kleine Bildergeschichte und lassen einen anderen Menschen anhand dieser Bilder eine Geschichte erzählen – oder umgekehrt.
3. Schreiben Sie die Anfangsbuchstaben eines Wortes senkrecht auf ein Blatt, zum Beispiel:

V
E
R
K
A
U
F

und ergänzen Sie jeden einzelnen Buchstaben durch einen Begriff:

V erliebtes
E inhorn
R uft
K önig
A n
U nd
F lieht.

4. Oder Sie versuchen einmal, möglichst viele Verse zu finden, die sich in das Schema »Kein ... ohne ...« einfügen lassen, zum Beispiel:
   - Kein Kopf ohne Schmerz.
   - Kein Tropf ohne Herz.

Übung macht den Meister – und es ist noch kein Meister vom Himmel gefallen. Lassen Sie sich also etwas Zeit und haben Sie vor allem viel Spaß am Umgang mit Worten und der Sprache. Dann klappt's auch mit der Kommunikation und den Gesprächen.

Die Macht des Fragens

Ein chinesisches Sprichwort sagt: »Wer fragt, ist für fünf Minuten dumm; wer nicht fragt, bleibt ein Leben lang dumm.« Wer sich diesen Grundsatz zum Leitspruch erkoren hat und den Gedanken täglich umsetzt, hat nicht nur die Bedeutung von Fragen erkannt, sondern auch, wie wichtig diese für Gespräche und vor allem für eine intelligente Schlagfertigkeit sind.
Kennen Sie Bauernregeln? Ja? Aber diese vielleicht noch nicht: Vorher Bescheid, nachher kein Streit! Die beiden Autoren Bernd Görner und Gerhard Necker, die einmal *Bauernregeln*

für Führungskräfte aufgestellt haben, empfehlen Folgendes: »Wir können nicht davon ausgehen, dass unser Gegenüber mit unseren Ohren hört oder den gleichen Hintergrund hat, den wir selbst haben, wenn er etwas sagt. Gehen Sie auf Nummer SICHER, indem Sie sich ein Stück Unsicherheit bei Gehörtem und Gesagtem bewahren. Fragen Sie nach!« Wir glauben alle viel zu sehr, dass unser Gesprächspartner schon versteht, was wir sagen und wie wir es meinen. Oft genug ist dies nicht der Fall und etwas später fallen Sätze wie: »So habe ich das aber nicht verstanden!« oder »So hatte ich das nicht gemeint!«. Es versteht sich wenig von selbst, wie wir oft meinen, wenn Menschen kommunizieren. Auf dem Weg vom Mund des Senders zum Ohr des Empfängers geht so einiges verloren. Umso wichtiger ist es, öfter einmal nachzufragen, und sei es nur, um sicherzustellen, dass das Gesagte auch wirklich bei allen Gesprächsteilnehmern richtig angekommen ist.

Wer fragt, führt ...

Sicher kennen Sie die Situation aus vielen Krimis: Der Polizist steht dem Verbrecher gegenüber; dieser sitzt auf einem Stuhl und wird von einer hellen Lampe geblendet und nun kommen die unangenehmen Fragen, die zusammen mit dem psychologischen Druck dazu führen, dass der Verbrecher zusammenbricht und alles gesteht. Diese Art von Fragen mit der dazugehörigen Technik hilft Ihnen nicht weiter, auch wenn viele Schlagfertigkeits-Trainer es meinen. Gehen Sie die Sache locker an. Das ist besonders wichtig, wenn es darum geht, durch Schlagfertigkeit keinen niederzumachen, sondern so intelligent zu kontern, dass sogar jeder Gegner begeistert ist. Wenn Sie die richtigen Fragen stellen, erhalten Sie von Ihrem Gesprächspartner auch die gewünschten Antworten. Oder Sie verwirren ihn so, dass er verzichtet, sich weiter mit Ihnen ein Wortgefecht zu liefern. Wer fragt, der führt, diese Tatsache ist nicht nur versierten Verkäufern bekannt. Mit gezielt eingesetzten Fragen können Sie das Gespräch lenken und Ihren Gesprächspartner dazu aktivieren, mehr zu sagen, als er vielleicht sagen wollte, oder endlich den Mund zu halten. Es gibt eine Reihe verschiedener Fragetypen, die ich Ihnen kurz vorstelle:

- Offene Fragen beginnen immer mit einem W-Wort, zum Beispiel wie, wer, was, wo. Diese Fragen dienen überwiegend der Informationsbeschaffung: Wie hoch ist Ihr Budget? Wo befinden sich mögliche Standorte? Wer wird für die Koordination zuständig sein? Mit offenen Fragen erreichen Sie einen guten Gesprächseinstieg, weil diese Ihren Gesprächspartner »öffnen«. Auf eine offene Frage kann er schlecht nur mit Ja oder Nein antworten, wodurch das Gespräch schon fast wieder beendet wäre.
- Geschlossene Fragen werden immer mit einem Ja oder einem Nein beantwortet, allenfalls mit »Vielleicht« oder »Ich weiß nicht«. Denken Sie an ein Verhör: Waren Sie zur Tatzeit zu Hause? Besitzen Sie eine Schusswaffe? Kennen Sie …? Geschlossene Fragen können Sie geschickt verwenden, wenn Sie das Gespräch in eine bestimmte Richtung lenken wollen. Seien Sie jedoch vorsichtig! Die alte Weisheit »Man muss einem Menschen nur so viele Fragen stellen, die er mit Ja beantwortet, dann beantwortet er auch die letzte, wichtigste Frage mit Ja« funktioniert schon lange nicht mehr. Ganz im Gegenteil – das Gespräch nervt irgendwann nur noch und einem Verhör setzt sich niemand wirklich gerne aus. Der Grund ist einfach: Diese Methode des amerikanischen Ja-Modus wird in vielen Branchen missbraucht. Sicher kennen auch Sie Anrufe dieser Art von Versicherungen, Zeitschriften-Agenturen oder Call-Center.
- Alternativfragen wurden früher gerne genommen, wenn es darum ging, einen Termin zu vereinbaren: Passt es Ihnen besser am Dienstag gegen 13.00 Uhr oder am Donnerstag gegen 10.00 Uhr? Hier setzen Sie allerdings voraus, dass Ihr Gegenüber in jedem Fall einen Termin will. Setzen Sie diese Art der geschlossenen Fragen, die zwei Alternativen bieten, deshalb bitte nur gezielt ein.

- Suggestivfragen sind getarnte Behauptungen. Mit »Sind Sie nicht auch meiner Meinung, dass …?« können Sie einen unsicheren Gesprächspartner in eine bestimmte Richtung lenken. Beachten Sie allerdings, dass Sie Ihren Gesprächspartner mit derartigen Fragen niemals überzeugt haben, selbst wenn dieser Ihnen zustimmt.
- Mit Gegenfragen können Sie Ihrem Gegenüber bei einem Angriff den Wind aus den Segeln nehmen. Stellt zum Beispiel der Kunde fest: »Warum ist Ihr Angebot so teuer?«, antworten Sie einfach mit einer Frage: »Beziehen Sie dies nun auf die Produktionskosten oder den organisatorischen Part?«

Warum?

Eine Frage sollten Sie nie stellen, egal ob Sie ein Mitarbeitergespräch führen, mit einem Kunden verhandeln oder durch intelligente Schlagfertigkeit brillieren wollen: »Warum?« Sicher kennen Sie das bei Kindern, die mit Ihrem ständigen Warum den Wissensdurst stillen wollen und damit ihren Eltern gewaltig auf die Nerven gehen. Oder wenn Menschen nach einem Schicksalsschlag immer fragen: »Warum (ausgerechnet) ich?« So wie es im ersten Fall auf tausend Warum auch tausend Antworten gibt, gibt es auf das eine Warum keine Antwort. Wenn Sie nach den Ursachen eines Vorfalls fragen wollen, benutzen Sie eher folgende »weichere«, objektivere Formulierungen:

- Worauf führen Sie es zurück?
- Aus welchen Gründen …?

Die Entschärfungsfrage

Sicher haben Sie schon einmal reklamiert und aufgrund eines Fehlers, einer Falsch-Lieferung oder einer mangelhaften Ware Ihren Unmut geäußert. Wie haben Sie diese Reklamation denn formuliert?:

- »Ich habe ein Problem.«
- Oder: »Ich möchte mich bei Ihnen beschweren.«

Klingt es nicht besser, dieses Anliegen als Frage zu formulieren? Eine solche Frage könnte etwa lauten:

- »Darf ich Ihnen einen Verbesserungsvorschlag machen?«
- Oder etwas humorvoller: »Ich habe eine kleine Herausforderung für Sie. Können Sie mir helfen?«

Vielleicht sagen Sie an dieser Stelle: Das liegt mir aber gar nicht und wenn ich sauer bin, dann möchte ich das auch kommunizieren. Das kann ich gut verstehen, vielleicht probieren Sie es nächstes Mal. Viele Menschen haben verlernt, Fragen zu stellen, und reden nur von sich, von ihren Problemen. Ob Top-Führungskräfte oder Coach, sie alle verstehen es, an der richtigen Stelle die richtige Frage zu stellen und so ihren Gesprächspartner »auf den richtigen Weg« zu bringen. Gespräche verlaufen dann meist wesentlich entspannter und für beide Seiten erfolgreicher.

Die Gegenfrage

Im Geschäfts- und Privatleben kommt es immer wieder vor, dass man auf die Frage eines anderen keine Antwort weiß oder keine geben möchte. Eine gute Möglichkeit, um Zeit zu gewinnen und den »Ball« wieder an den anderen zurückzuspielen, ist die Gegenfrage.

Stellen Sie immer die richtige Gegenfrage und vermeiden Sie bei der Gegenfrage-Methode wenn irgend möglich Ja-/Nein-Fragen.

- Führungskraft: »Warum sind Sie nur so langsam?«
  Gegenfrage 1: »Mache ich diesen Eindruck auf Sie?«
  Das war nicht so geschickt: Die Antwort lautet in mindestens 95 Prozent der Fälle: »Ja«, was nicht »im Sinne des Erfinders ist«.
- Gegenfrage 2: »Seit wann hat denn das Tempo etwas mit der Qualität der Ergebnisse zu tun?«
  Das ist schon wesentlich geschickter, weil der »Angreifer« darauf nicht einfach mit Ja oder Nein antworten kann.

- Führungskraft: »Warum haben Sie so lange für die Abwicklung des Projekts gebraucht?«
  Mitarbeiter: »Auf welche Teilschritte des Projekts bezieht sich Ihre Frage?«
- Sie: »Hast du viele Frauen vor mir gehabt?«
  Er: »Welche Aspekte meiner Vergangenheit sind wichtig für dich?«

Die Gegenfrage ist eine der elegantesten Methoden der Dialektik. Eine Schweigepause nimmt dem Angreifer zunächst den Wind aus den Segeln. Die Methode funktioniert nur, wenn Sie ständig Blickkontakt zum Angreifer halten. Es gibt natürlich auch einige Gegenfragen, die Sie grundsätzlich stellen können. Hier ein paar Beispiele:

- »Würden Sie mir Ihre Frage bitte näher erläutern?«
- »Haben Sie mit Ihrer Frage nicht selbst schon die Antwort gegeben?«
- »Haben Sie sich das nicht selbst schon gefragt?
  (Sollte Ihr Gesprächspartner antworten: »Nein!«, können Sie kontern: »Das sollten Sie aber!« Zugegebenermaßen ist es nicht besonders fair!)

Eine Gegenfrage kann weich oder hart bis beleidigend gestellt werden. Wenn Sie Rückfragen stellen, vermeiden Sie auf jeden Fall, mit voller Wucht zurückzuschlagen. Ein Rückzug ist dann kaum noch möglich.

Fragen geschickt ausweichen

Zu einer unschlagbaren Methode der intelligenten Schlagfertigkeit zählt, Fragen geschickt auszuweichen. Oft begegnen wir Menschen, die von einer unersättlichen Neugierde getrieben sind. In vielen Fällen wollen oder können wir aus bestimmten Gründen ihre Fragen nicht beantworten, ohne uns zu kompromittieren oder uns auf Glatteis zu begeben. Mit folgenden bewährten Methoden können Sie unangenehmen Fragen ausweichen. Einige Formulierungen sind weich bis elegant, andere verwirrend bis zerstörerisch:

- Ich bewundere Ihr Talent, irrelevante Fragen zu stellen.
- Sie haben mit Ihrer Frage ja schon selbst die Antwort gegeben.
- Bitte gestatten Sie, dass ich Ihre Frage nicht beantworte. (Und dann sprechen Sie weiter.)
- Gerne beantworte ich Ihre Frage, wenn Sie mir verraten, was Sie damit bezwecken?
- Haben Sie sich nicht auch schon die Frage gestellt?
- Meinen Sie es strategisch oder prophylaktisch? (Das verwirrt auch die Geübtesten.)

Wenn jemand versucht, Ihren eigenen Fragen mittels dieser dialektischen Methoden auszuweichen, sollten Sie Folgendes sagen: Ich kann Ihnen diese Frage später gerne beantworten, gehen Sie bitte jedoch erst auf meine Frage ein.
Üben Sie sich in der Fragekunst. Es lohnt sich. Die Fragetechnik, richtig eingesetzt, ist eine der einfachsten Möglichkeiten, schlagfertig zu sein.

Kreative Antworten

Was auf den ersten Blick »wie aus der Pistole geschossen« wirkt, ist oft von langer Hand vorbereitet. Der französische Staatspräsident Francçois Mitterrand reagierte auf »Aufhören«-Rufe mit einer sorgfältig geplanten, nur scheinbar spontanen Antwort: »Ich würde uns beiden den Gefallen gern tun, aber wir sollten in dieser Situation nicht nur an uns selbst denken!« Tatsächlich lässt sich dieser Konter universell anwenden!
Um schlagfertige Antworten zu geben, müssen Sie kreativ sein. Trainieren Sie spontane Assoziationen zu verschiedenen Themen:

- Lassen Sie sich fünf bis zehn Karten geben, auf denen jeweils ein beliebiger Begriff steht (zum Beispiel Sportauto, Visitenkartenetui, Kondomautomat, Therapieresistenz, Promi-Kneipe, Fernglas). Erzählen Sie mit diesen Begriffen eine zusammenhängende Geschichte.
- Lassen Sie sich ein Thema stellen. Je schräger, desto besser. Beispiel: »Bei der Fußballweltmeisterschaft wird nur noch auf ein Tor gespielt«. Wenn Sie hier reüssieren, fällt Ihnen auch in der Debatte schnell etwas Eindrucksvolles ein.
- Schreiben Sie drei Minuten lang ununterbrochen auf, was Sie alles mit einem Mann/einer Frau anfangen können. Der Fantasie sind keine Grenzen gesetzt. Halten Sie anschließend einen Blitzvortrag.

Mit dieser Übung trainieren Sie, unerwartete Probleme spontan zu lösen:

Sie sind Führungskraft. Es ist Sonntag, 22 Uhr. Sie sind fremd in Hamburg. Ihnen ist Ihr Portemonnaie samt Geld, Kreditkarten, Flugtickets gestohlen worden. Ihr Partner ist mit den Eltern im Urlaub in Neuseeland. Am Sonntag können Sie in der Firma niemanden erreichen. Überlegen Sie sich 10 Lösungen, wie Sie am nächsten Morgen um 8 Uhr in München sein können, um dort Ihren Geschäftstermin wahrzunehmen.

Gerne können Sie mir Ihre kreativen Lösungen mailen.
Ich freue mich darauf: info@etrillard.com

Sprüche helfen auch

Natürlich wäre es das Beste, wenn es 10 Sprüche gäbe, die man je nach Thema verwenden könnte, wenn man verbal angegriffen wird. Doch wo bliebe da die Freude an der Schlagfertigkeit und der Esprit, wenn es darum geht, mit anderen Menschen eine faszinierende Kommunikation zu führen? Es mag 10 Regeln der Rhetorik geben und auch 10 + 1 Tipps, wie Sie faire Dialektik (siehe Anhang) einsetzen. Was es jedoch nicht gibt, sind 10 Standard-Sprüche der Schlagfertigkeit. Aber natürlich können Sie für sich ein Repertoire an Sprüchen suchen, die Sie an beliebiger Stelle einsetzen. Dies tun Sie, wenn Sie Gefallen an der intelligenten Schlagfertigkeit gefunden haben, aber sowieso nur noch, wenn Ihnen wirklich kein außergewöhnlicher Konter einfällt.

Aber beachten Sie, dass diese Sprüche auch wirklich zu Ihnen passen, zu Ihrer Persönlichkeit und Ihrem Stil. Erarbeiten können Sie eine solche Liste, indem Sie einfach Augen und Ohren offen halten. Was sagen andere in kritischen Situationen? Gibt es außergewöhnliche Konter aus der Literatur? Vielleicht waren Sie selbst einmal in der unguten Lage, keine passende Antwort zu haben. Stunden später haben Sie die Antwort und denken: Das hätte mir mal früher einfallen sollen! Notieren Sie Ihre Ideen einfach in einem kleinen Büchlein, vielleicht sogar nach Themen geordnet. Fragen Sie andere Menschen, wie sie in dieser Lage reagiert hätten. Wenn Sie Ihrem Ärger über das, was Ihnen vielleicht ein anderer an den Kopf geworfen hat, Ausdruck verleihen, werden Sie staunen, wie andere Menschen solchen Unverschämtheiten Paroli geboten hätten.

Überlegen Sie jedes Mal, ob es sich lohnt, schlagfertig zu kontern und dabei zertretenes Porzellan zu hinterlassen. Ist die Beziehungsebene ruiniert, dann lebt es sich ganz ungeniert, allerdings auch einsam! Eine faire Art der Schlagfertigkeit jedoch baut oft erst eine Brücke zu anderen Menschen, taut manchmal das Eis und lässt Ihre Gesprächspartner vielleicht schmunzeln. In der Kommunikation mit anderen Menschen können Sie Ihre Gesprächspartner durch schlagfertige Antworten genauso überraschen wie auch begeistern.

Einige Techniken

Killerphrasen parieren

Killerphrasen (»Das Geld kriegen wir nie!« oder »Das machen wir schon immer so!«) vergiften jede Gesprächsatmosphäre und machen einen konstruktiven Dialog unmöglich. Einwände dieser Art sollten so schnell wie möglich vom Tisch. Folgende konkrete Tipps habe ich hierzu für Sie:

- Stellen Sie den Killerphrasen, die ungeprüfte Tatsachen enthalten, falsche Wissenssätze gegenüber. Die Übersteigerung nimmt den Behauptungen die Schlagkraft.
- Stimmen Sie dem Störer scheinbar zu – das nimmt ihm die Möglichkeit, noch mal anzusetzen.
- Lähmen Sie den Störer mit einer paradoxen Intervention. Stellen Sie ihm eine Aufgabe, die er allein schon aufgrund Ihrer Formulierung nicht lösen kann.
- Bei einem wirklich aggressiven Gegner dürfen Sie auch zurückschlagen.
- Nehmen Sie bei Ihrer Replik Blickkontakt auf, beenden Sie ihn aber vor dem Ende Ihrer Antwort. Andernfalls fühlt sich der Zwischenrufer zum Duell herausgefordert.

Killerphrasen und die passenden Antworten:

- »Das klappt sowieso nicht!« – »Genau! Und die Titanic ist unsinkbar!«
- »Sie können mir nicht helfen. Controller wie Sie sind Erbsenzähler und sonst nichts.« – »Stimmt. Und nach dem Zählen habe ich Tipps, was Sie mit den Erbsen anfangen können.«
- »Sie haben doch keine Ahnung!« – »Versuchen Sie jetzt nochmal einen intelligenten Zwischenruf!«
- »Sie sagen uns nicht die ganze Wahrheit« – »Das würden Sie auch nicht vertragen!«

Quelle: managerSeminare, Heft 52, Januar 2002 (S.32) in Anlehnung an »Schlagfertig reagieren im Job«, Autor Reiner Neumann. Verlag moderne industrie, Landsberg/Lech 2001.

Humor regiert die Welt

Beim Erlernen der Schlagfertigkeit ist es wichtig, darauf zu achten, dass die menschliche Beziehung zu Ihrem Gegenüber nicht belastet wird. Was nützt Ihnen nämlich die Schlagfertigkeit, wenn Sie sich dadurch Ihr Umfeld vergraulen und verbrannte Erde hinterlassen? Die humorvolle Schlagfertigkeit ist eine Kommunikationsform, die Ihnen erlaubt, in schwierigen Situationen eine gute Figur zu machen und kommunikativ zu brillieren. Sie entlocken Ihren Gesprächspartnern ein Lachen und lösen Konflikte, die sich eventuell anbahnen, humorvoll auf.

Humor regiert nicht nur die Welt, baut Brücken zwischen Völkern und Menschen, sondern macht es auch leichter, mit Angriffen umzugehen. Mit Humor lassen sich kritische Situationen entspannen und angriffslustige Menschen beruhigen. Sie müssen dazu kein Possenreißer sein oder werden und abertausende Witze und Anekdoten parat haben – bereits eine grundsätzlich positive Lebenseinstellung hilft Ihnen dabei, die Basis für einen lockeren Umgang auch mit Angreifern zu finden und mit Humor intelligent zu kontern. Menschen mit dieser Einstellung können auch einmal über sich selbst lachen, was manchem Angreifer bereits den Wind aus den Segeln nimmt. Jörg Struder erzählt in seinem Buch *Rhetorik – Sprechen Vortragen Überzeugen* eine interessante Geschichte dazu: »Der große Staatsmann Winston Churchill soll einmal von dem Dramatiker Georges Bernhard Shaw zwei Karten für die Uraufführung eines seiner Stücke erhalten haben mit einer Notiz, auf der stand: ›Die eine ist für Sie, die andere für einen Freund – sofern Sie einen haben.‹ Churchill war verhindert und bat Shaw um Karten für die nächste Vorstellung – ›sofern es eine gibt‹. Wer so den Gegner mit den eigenen Waffen schlagen kann, ist an Schlagfertigkeit kaum zu überbieten.«

Wenn Sie in Gesprächssituationen humorvoll kontern, werden Sie einen positiven Eindruck hinterlassen. Sie sind in der

Lage, die anderen durch Ihre optimistische Einstellung zu gewinnen. Daher ist es kein Wunder, dass schlagfertige Menschen sexy wirken und im Businessleben auch erfolgreicher sind. Wenn jemand auf eine liebevolle Art und Weise charmant und schlagfertig ist, sind andere Menschen gerne in seiner Umgebung.

Dumm gelaufen ...

Persönliche Angriffe laufen meist immer nach dem gleichen Schema ab: Ihre Gegner werfen Ihnen (direkt oder indirekt) Ahnungslosigkeit oder sogar Dummheit vor und hoffen, Sie damit aus dem Konzept zu bringen. Die beste Antwort auf solche Störversuche ist Humor. Dabei müssen Sie den Witz nicht zwingen, folgende Tricks helfen Ihnen weiter:

- Machen Sie Anleihen bei anderen: Zitate sind griffig, machen Eindruck und lassen sich leicht behalten.
- Der Name einer berühmten Persönlichkeit verleiht Ihrer Äußerung mehr Gewicht. Ihr Publikum sieht die Autorität hinter der Aussage.
- Wenn Sie zitieren, sind Sie fein raus. Niemand kann Ihnen etwas vorwerfen, da die Aussage ja nicht von Ihnen stammt.
- Beachten Sie jedoch: Ihr Zitat darf nicht aus der Luft gegriffen sein; es muss in den Zusammenhang passen!

Plädoyer für einen verantwortungsvollen Umgang mit Schlagfertigkeit

Schlagfertig bedeutet nicht, dass man den Gesprächspartner am besten »mit einem (verbalen) Schlag« fertig machen soll. Und Schlagfertigkeit sollte auch nicht (immer) den Sieg als Ziel haben. Überlegen Sie einfach, welches Ziel Sie verfolgen: Ist es Ihnen wichtiger, diese eine Schlacht zu gewinnen? Dann »hauen Sie drauf«! Gewinnen Sie und feiern Sie den Sieg. Wenn Ihnen noch danach ist. Denn was haben Sie schon erreicht? Vielleicht haben Sie einen anderen Menschen mundtot gemacht? Ihre (kommunikative) Macht spielen lassen? Ist es nicht manchmal sinnvoller, einen Sieg zu verlieren und den Krieg zu gewinnen?

Natürlich gibt es genügend Methoden, gekonnt zu kontern, sich schlagfertig zur Wehr zu setzen. Doch überlegen Sie bei jeder zwischenmenschlichen Begegnung, welches Ihr Ziel ist: Wollen Sie den anderen »fertig machen«, ihn zerstören, ihm zeigen, wer »der Chef« ist? Oder wollen Sie fair verhandeln und durch Begeisterung überzeugen? Wollen Sie demjenigen nie wieder in die Augen blicken können, weil Sie sich vielleicht im Nachhinein selbst etwas über Ihr Benehmen schämen? Vielleicht waren Sie auch schon einmal in der Lage des Schwächeren? Dann können Sie sicher auch nachvollziehen, dass es bei einem Sieg immer auch einen Verlierer gibt. Intelligente Schlagfertigkeit will mehr: Sie will den Spaß an der Auseinandersetzung, die fair abläuft. Sie will eine gute Gesprächsatmosphäre, in der man miteinander reden kann und die man mitnimmt, auch wenn man sich ohne Einigung voneinander trennt. Dazu sind Gesprächspartner nötig, die möglichst gut geschult sind und darüber hinaus die Ruhe und Souveränität besitzen, die Methoden, Tipps und Tricks auch verantwortungsbewusst einzusetzen.

Souveränität als Wundermittel

Ein unsicherer, verlegener oder gehemmter Mensch wird viel leichter zur Zielscheibe als ein selbstbewusster. Souveränität ist das Wundermittel und sie beweist, dass Schlagfertigkeit nichts mit »Niedermachen« und Unfairness zu tun hat. Souveränität ist das Fundament einer gelungenen Kommunikation. Souveräne Menschen werden seltener angegriffen. Ihre Sicherheit und Gelassenheit befähigt sie, Kommunikationswerkzeuge so einzusetzen, dass sie damit niemandem wehtun, kein Porzellan zerschlagen und kein sinnloses verbales Kräftemessen starten. Bevor sich jemand also mit rhetorischen und dialektischen

Techniken und Kniffen auseinander setzt, sollte er an sich selbst und an seiner Wirkung arbeiten, und das braucht Zeit.
Auch die Tempel im antiken Griechenland standen nur dann fest, wenn stabile Säulen sie trugen. Und selbst wenn eine Säule mal etwas dünner war, stürzte ein solcher Tempel nicht gleich in sich zusammen. Auch gute Gespräche sind nur dann möglich, wenn Kommunikationstechniken, die sich durchaus trainieren lassen, auf stabilen persönlichen Säulen ruhen. Fünf Faktoren sind es, die im Gespräch zu mehr Souveränität verhelfen. Es sind zugleich die fünf Säulen des Schlagfertigkeitstempels, die ich Ihnen in den nächsten Kapiteln ausführlich vorstellen werde.

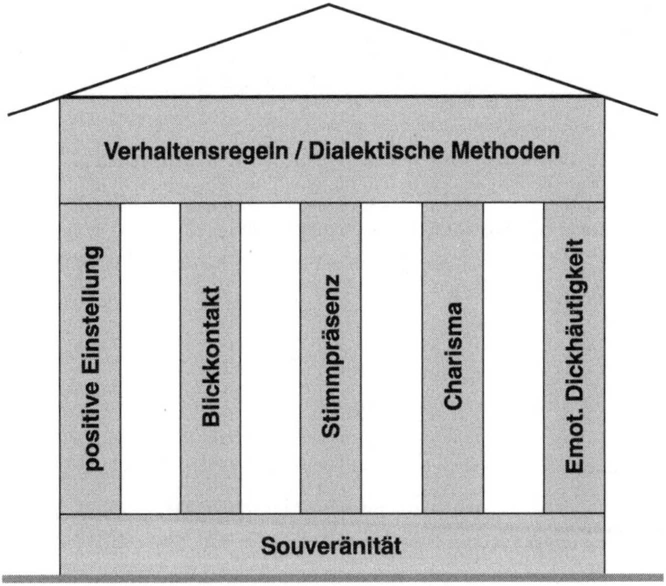

Die drei wichtigsten Punkte für mich/mein Umsetzungsplan

1.

2.

3.

Folgende Ideen werde ich umsetzen:

Noch heute

Morgen

In der nächsten Woche

Kapitel 2: Positive Einstellung

Wie ist das denn mit Ihrer Einstellung? Sehen Sie eher schwarz oder blicken Sie lieber durch die rosarote Brille? Denken Sie öfter einmal »Das schaffe ich nie« (und ziehen die Decke über den Kopf oder stecken den Kopf in den Sand) oder »Irgendwie wird es schon werden« (und gehen gleich an die Planung, wie Sie die Herausforderung lösen können)? Ob es um Kommunikation, Gesprächsführung oder intelligente Schlagfertigkeit geht – die Einstellung ist ein entscheidender Faktor, ob Sie erfolgreich agieren oder nicht.

Überlegen Sie jedes Mal, ob es sich lohnt, schlagfertig zu kontern und dabei zerschlagenes Porzellan zu hinterlassen. Wichtig ist gerade in diesem Fall Ihre innere Einstellung. Wer rücksichtslos eigene Vorteile erlangen will, wird auf Dauer bei aller dialektischen Brillanz sehr einsam und wenig erfolgreich sein. Es kommt auf den gezielten Einsatz der dialektischen Künste an. Setzen Sie Ihr Wissen so ein, dass Sie die Beziehungsebene zu Ihrem Gesprächspartner nicht schon von vornherein oder während der Kommunikation unnötig belasten. Es gibt immer die Möglichkeit, ein Gespräch so zu führen, dass man sich zumindest am Ende noch in die Augen schauen kann. Denn auch wenn die Meinungen stark voneinander abweichen, grundlegend andere Werte vorhanden sind und kein Konsens gefunden wird, sollten Sie den Menschen hinter dem »Gesprächs-Gegner« (Kontrahenten) anerkennen. Mit dieser Einstellung gelingen Gespräche jeder Art, das heißt, wenn Menschen menschlich miteinander umgehen. Wenn Schlagfertigkeit fair und intelligent eingesetzt wird, bringt sie Esprit in jede Unterhaltung, Diskussion oder Rede.

Selbstbild/Fremdbild

Hören Sie Ihr Herz schlagen? Dabei schlagen sogar zwei Herzen in Ihrer Brust – und eigentlich sind Sie auch zweimal vorhanden. Nein, keine Angst, ich spreche nicht von Schizophrenie! Ich spreche davon, dass Sie selbst ein Bild von sich haben und Ihre Umwelt vielleicht ein ganz anderes Bild.
Wenn Sie sich in Ihrer Haut wohl fühlen, sicher und selbstbewusst auftreten, haben Sie natürlich auch dieses Bild von sich. Allerdings kann es leicht passieren, dass Sie auf andere arrogant wirken. Oder Sie empfinden sich als lebendig, andere hingegen erleben Sie als »ausgeflippt«.
Wir haben uns im Laufe der Zeit an uns gewöhnt, leben mit unseren Stärken und Schwächen, mit Macken und Liebenswürdigkeiten. Da fällt es uns natürlich entsprechend schwer, dieses Selbstbild einmal infrage stellen zu lassen. Aber von Zeit zu Zeit ist es durchaus sinnvoll, sich einmal mit der Frage zu beschäftigen: *Wie wirke ich auf andere?*
Sie werden von dem Bild, das Sie auf andere machen, und dem Eindruck, den Sie hinterlassen, oft überrascht sein. Meistens sogar positiv. Denn andere Menschen schätzen an Ihnen oft Eigenschaften, die Sie selbst als Schwäche auslegen. Sprechen Sie mit Freunden oder Kollegen, die Sie schon etwas länger kennen und Ihnen gegenüber ehrlich sind, über konkrete Situationen. Wie war deren Bild von Ihnen auf der letzten Party? Wie haben Sie bei der letzten Präsentation gewirkt? Wie war das letzte Kundengespräch? Sie empfinden sich zum Beispiel als pedantisch, andere lieben Ihre Genauigkeit und dass man sich hundertprozentig auf Sie verlassen kann. Ungeduld auf der einen Seite kann Entscheidungswille auf der anderen Seite

bedeuten. Seien Sie jedoch vorsichtig, auf wen Sie sich in Sachen Fremdbild einlassen! Es gibt Zeitgenossen, die Ihnen nichts, aber auch wirklich nichts Gutes sagen können. Und andere sind so vorsichtig und darauf bedacht, nicht zu verletzen, dass Sie von diesen niemals eine ehrliche Meinung bekommen. Ein geschöntes Fremdbild nützt Ihnen jedoch herzlich wenig, ebenso wie jemand, der aufgrund eigener Geringschätzung nichts Positives an Ihnen lässt.

Suchen Sie sich in der nächsten Woche einen Freund und einen Kollegen im geschäftlichen Umfeld, die Sie einmal ganz genau beobachten sollen. Sprechen Sie mit diesen beiden vorher ab, dass Sie eine offene und ehrliche Meinung schätzen und auch kritische Punkte angesprochen werden sollen. Nur so kommen Sie wirklich voran und können Selbstbild und Fremdbild abgleichen. Wiederholen Sie diese Übung wenn möglich mit anderen Personen, um auszuschließen, dass es sich bei dem erhaltenen Feedback um eine rein subjektive Meinung handelt. Dann können Sie eine Stärken/Schwächen-Analyse machen und gezielt an Ihrer Persönlichkeit arbeiten.

Sie sind wer!

Blicken Sie doch einfach einmal in den Spiegel! Was sehen Sie? Ein Gesicht? Einen Menschen? Erfahrungen? Wünsche und Hoffnungen? Sie sind jemand, nicht etwas! Sie sind ein Mensch mit seinen ganz speziellen Erfahrungen, mit vielen Erlebnissen, die sich zu Werten manifestiert haben. Sie sind ein Mensch mit Wünschen, Hoffnungen und Zielen, mit Ängsten und Freuden. Sie sind wer! Sie müssen nur herausfinden, was Ihre Einzigartigkeit ausmacht. Was können Sie besonders gut oder einfach besser als andere? Welche Stärken haben Sie? Worin gelten Sie als Experte? Sie können nur selbstbewusst auftreten und kommunizieren, wenn Sie sich Ihrer selbst bewusst sind!

Die Schatztruhe Ihrer Stärken

Kennen Sie Ihre Stärken? Wissen Sie, was Sie besonders gut können? Überlegen Sie einmal, was Sie in Ihrer Kindheit besonders gerne gemacht haben. Woran hatten Sie Freude? Von welcher Tätigkeit mussten Ihre Eltern Sie förmlich »wegreißen«? Alexander Christiani, Co-Autor des Buches *Stärken stärken* erzählt oft folgende Geschichte: »Angenommen, es sei Ihr 80. Geburtstag. Die Wissenschaft hätte vor kurzem einen Durchbruch erreicht und einen völlig neuen Intelligenztest entwickelt … Als Ihr Ergebnis bekannt gegeben wird, ist es mucksmäuschenstill. Der Professor … spricht von einem ›überragendem Ergebnis, das in vielen Bereichen besser sei als das von Albert Einstein‹. Wie wäre Ihre Reaktion? Wären Sie stolz, ein solch cleverer Bursche oder ein solch helles Mädel zu sein, oder wären Sie enttäuscht: ›Hätte ich das bloß früher gewusst. Dann hätte ich mehr aus meinem Leben machen können …‹ Stopp! Sie haben es früher gewusst und Sie wissen es heute. Denken Sie einmal an die Situationen, in denen Sie über sich hinausgewachsen sind. Was könnten Sie aus Ihrem Leben machen, wenn Sie Ihre Talente ausbauen und ernst nehmen würden?« Und er schließt mit der weisen Erkenntnis: »Das Geheimnis der Menschen, die glücklich und erfolgreich sind, besteht in der Regel darin, dass es ihnen gelungen ist, ihr Leben um ihre Talente und Stärken herum zu gestalten.«

Sicher kennen Sie das: Wenn Sie mit Feuereifer an etwas arbeiten, das Ihnen wirklich Spaß und Freude macht, dann machen Sie es auch besonders gut, oder? Natürlich kommunizieren Sie auch ganz anders, wenn Sie mit »Leib und Seele« dahinter stehen. Und mit genau diesen Talenten bieten Sie auch Ihren Mitmenschen mehr Nutzen als Gesprächspartner. Überlegen Sie also grundsätzlich:

- Ist meine jetzige Tätigkeit etwas, womit ich glücklich = erfolgreich werde? Wenn ja, warum? Und wenn nein, warum nicht?
- In welchem Bereich kann ich meine Talente am besten einsetzen?
- Wie kann ich meine Talente in meinem Tätigkeitsbereich besser nutzen?

Wie auch immer Sie diese Fragen beantworten, was auch immer dies für Ihre Zukunft bedeutet: Es soll Ihnen helfen, sich zunächst einmal zu orientieren, um dann auf dem Weg zum Experten einen gewaltigen Schritt weiter zu kommen. Allerdings ist es damit noch nicht getan. Wenn Sie einen gewissen Expertenstatus haben, müssen Sie dafür sorgen, dass dieser in den entsprechenden Zielgruppen auch bekannt wird. Natürlich wird dies zu einem Teil die Mundpropaganda bewirken. Allerdings kann es absolut nichts schaden, auch aktiv dafür zu sorgen, dass Sie sich in den Köpfen Ihrer (potenziellen) Kunden/Partner als Experte den vordersten Platz sichern. Hier spielt die Kommunikation eine wesentliche Rolle. Denn je überzeugter Sie von sich und Ihren Talenten sind, umso wohler fühlen Sie sich und umso authentischer kommunizieren Sie auch. Dies gilt nicht nur für Ihre Stärken und Überzeugungen, sondern im gesamten Kommunikationsprozess.

Was heißt kommunikativer Erfolg?

Wissen Sie vor jedem Gespräch, was Sie erwarten? Sprechen Sie diese Erwartungen auch offen und ehrlich an? Dann sind Sie auf Ihrem Weg zum kommunikativen Erfolg schon einen großen Schritt weiter als die meisten Menschen. Viele Zeitgenossen glauben nämlich, die anderen müssten Gedanken lesen können. Kommunikativer Erfolg kann jedoch nur entstehen, wenn Menschen miteinander sprechen und nicht aneinander vorbei. Kommunikativer Erfolg entsteht dann, wenn Menschen einfühlsam sind und einander wirklich zuhören. Kommunikativer Erfolg entsteht dann, wenn Sie einig mit sich sind, wenn Ihre Worte Ihre Gedanken wiedergeben und Sie dies durch Ihre gesamte Mimik, Gestik und Körpersprache unterstreichen. Dann sind Sie authentisch und Ihr Gegenüber nimmt Ihnen ab, was Sie inhaltlich von sich geben. Natürlich dürfen Sie das Gleiche von Ihrem Gesprächspartner erwarten, müssen allerdings auch damit zurechtkommen, wenn dort keine Idealbedingungen herrschen. Dann müssen Sie dies eben durch Ihre besonderen kommunikativen Fähigkeiten ausgleichen und einen gewissen Part für Ihren Gesprächspartner übernehmen.

Bei aller Kampf-Rhetorik, satanischer Verhandlungskunst und schlagfertigem Kontern – es gibt einfach nicht auf jede Aussage Ihres Gegenübers einen »passenden Spruch« und das ist auch nicht im Sinne des Erfinders der zwischenmenschlichen Kommunikation. Viel wichtiger ist, dass Sie fair mit Ihrem Gesprächspartner umgehen und, wenn der sich unfair verhält, sich nicht auf dessen Niveau begeben.

Glaubwürdigkeit

Kommunikativer Erfolg stellt sich immer dann ein, wenn Menschen glaubwürdig sind. Es gibt immer wieder Manager und Führungskräfte, die sich ruhig und besonnen zu bestimmten Themen äußern und im Rampenlicht der Presse plötzlich einen ganz anderen »Ton anschlagen«. Wer es im Alltag schafft, durch eine offene Kommunikation Mitarbeiter, Kunden und die Öffentlichkeit zu überzeugen, braucht in Ausnahmesituationen nicht den »großen Zampano« zu spielen. Bedenken Sie: Jeder Satz, den Sie äußern, jede Geste, die Sie zeigen, bewegt die Menschen in Ihrem Umfeld, ob Mitarbeiter oder Kunden. Je mehr Sie eins sind mit sich selbst, souverän und ausgeglichen agieren und reagieren, umso weniger benötigen Sie die oben genannten »Sprüche«.

Kommunikationsbrücken bauen

Ruedi Nützi sagt in seinem Buch *Am Anfang steht das Wort. Die eisernen Gebote der Kommunikation:* »Der Normalfall ist das Missverständnis!« und stellt fest, »dass Kommunikation keine Gnade oder Gabe eines Einzelnen ist, sondern harte Arbeit und integraler Bestandteil der wahrzunehmenden Führungsaufgabe. Sie ist erlernbar wie jede andere anspruchsvolle Tätigkeit im Unternehmen.« Er zeigt in seinem Buch, wie wichtig es ist, Kommunikationsbrücken zu bauen, und unterstreicht dies mit 14 Grundsätzen, von denen ich an dieser Stelle die sieben wichtigsten vorstellen möchte:

1. **Kommunikation ist kein Wert an sich:** Kommunikation ist nicht dazu da, aus nichts einen Wert zu schaffen. Ausgangspunkte jeder Kommunikation sind: ein Inhalt, der einen Wert an sich darstellt, eine überzeugende Persönlichkeit, ein Partner und der Wille, im Partner eine Aktion auszulösen. Dabei ist die Einheit von Inhalt, Botschaft und Absicht entscheidend, sie sorgt für die notwendige Transparenz und Glaubwürdigkeit.
2. **Jede Situation ist anders:** Es gibt keine Patentrezepte. Jede Kommunikationssituation präsentiert sich anders und verlangt von dem Gesprächsteilnehmer eine andere, eigene Aufmerksamkeit und Präsenz. Allzweckverhalten und Allzweckformulierungen führen zu Oberflächlichkeit und Ignoranz. Jeder Gesprächsteilnehmer muss die Zeit zu differenziertem und situationsgerechtem Agieren aufbringen.
3. **Zuerst verstehen, dann lösen:** Gesprächsteilnehmer werden an ihren Lösungen gemessen. Dieser Leistungsdruck verhindert bisweilen, zunächst einen Schritt zurück zu tun: Es gilt, zuerst zu verstehen und dann eine Lösung anzustreben.
4. **Dank sieben Fragen in Minuten auf die Situation eingestimmt:** Gesprächsteilnehmer müssen rasch und doch besonnen agieren und reagieren können. Folgende sieben

Fragen führen schnell zu einem Verständnis der jeweiligen Situation:

- Personen: Wer ist beteiligt?
- Sache: Worum geht es inhaltlich?
- Ziele: Welches sind die Ziele meines Partners – welches sind meine Ziele?
- Vorgeschichte: Was ging der Kommunikationssituation voraus?
- Meine Rolle: In welcher Rolle agiere ich in der vorliegenden Situation? Was verlangt diese Rolle von mir?
- Ich-Stärke: Welche persönliche Stärke bringe ich ein?
- Ich-Verderber: Welche persönliche Eigenheit könnte die Situation unvorteilhaft beeinflussen?

5. **Wer führt, der fragt:** Lösungsorientierte Gesprächsführung verlangt eine bestimmte Haltung: Reden und Überreden führen zu Passivität und Opposition des Gesprächspartners. Zeitgemäße Gesprächsführung heißt: Zuhören und Fragen stellen. Die richtigen Fragen zu stellen ist die hohe Kunst des Führens. Richtige Fragen sprechen den Dialogpartner direkt und explizit an. Sie zielen auf eine Lösung hin und provozieren eine Handlung des Gesprächspartners.
6. **Klar in der Sache, respektvoll zu Partnern:** Oberstes Ziel bleibt eine situationsorientierte Kommunikation. Als Leitidee heißt das: die »Sache« versachlichen – die Partner in jedem Fall respektieren. Oft genug ist gegenseitiger Respekt so lange vorhanden, wie Zustimmung oder Übereinstimmung vorhanden ist. Als Leitspruch kann demgegenüber gelten: »Ich treffe in jedem Fall eine professionelle Lösung am Kern der Sache und wir (der Geschäftspartner und ich) bleiben Partner.«
7. **Gute Kommunikation ist keine Hexerei – und jeden Tag eine Herausforderung:** Es lässt sich mit geringem Aufwand viel erreichen. Mit anderen Worten heißt das: Weniger Missverständnisse, mehr Verständnis zwischen

den Kommunikationspartnern. Gute Kommunikation ist zunächst keine Kunst, sondern solides Handwerk. Wer neben der Pflicht die Kür anvisiert, macht sein Kommunikationsverhalten zu einer ständigen Auseinandersetzung mit sich und seiner Umwelt. Das ist Arbeit, Freude und Genugtuung zugleich. Übertriebene Perfektionsansprüche machen reale Fortschritte unmöglich. Die Devise muss heißen: Einmal jeden Tag eine Kommunikationssituation bewusst gestalten und reflektieren.

An dieser Stelle eine Übung zur konkreten täglichen Umsetzung: Überlegen Sie sich jeden Morgen, welches Gespräch am heutigen Tag Sie bewusst gestalten wollen, und gehen Sie die oben genannten Kommunikationsgrundsätze Punkt für Punkt durch. Ob es sich dabei um ein Gespräch mit Ihrem Freund/Ihrer Freundin handelt oder mit einem Mitarbeiter oder Kollegen – das ist Ihr Gespräch des Tages. Genau bei diesem Gespräch geben Sie Ihr Bestes und setzen alles daran, dass es erfolgreich verläuft, dass ein Ergebnis gefunden wird, das alle Beteiligten glücklich macht. Sie werden feststellen, dass Sie daraus viele neue Erkenntnisse schöpfen und Ihnen diese positive Art der Kommunikation »in Fleisch und Blut übergeht«. Sie werden bald Ihre mentale Vorbereitung auf ein Minimum beschränken können oder nur noch für besonders heikle Gespräche benötigen. Wie Sie diese Vorbereitung im Kopf am besten angehen, zeigen Ihnen die Strategien auf den folgenden Seiten.

Das Kopfkino des Gesprächserfolgs

Erfolgreiche Menschen können das, was sie erreichen wollen, schon vorher sehen. Sie haben ein Bild davon, wie es sein wird, wenn sie das angestrebte Ziel erreicht haben. Ob außergewöhnliche Sportler, Manager oder Wissenschaftler – sie alle malen sich das Ergebnis ihrer Bemühungen schon lange im Vorfeld immer wieder aus. Warum also wollen Sie diese Strategie der erfolgreichsten Menschen nicht auch einmal testen? Malen Sie sich das Ergebnis Ihrer Gespräche aus!

Erleben Sie Ihren Gesprächserfolg, bevor er eintritt

Sie haben ein wichtiges Gespräch mit Ihrem Vorgesetzten, es geht um eine Gehaltsverhandlung sowie die Übernahme einer anspruchsvolleren Aufgabe verbunden mit mehr Verantwortung. Natürlich bereiten Sie sich inhaltlich auf dieses Gespräch vor. Sie wissen genau, was und wie viel Sie wollen. Sie haben eine Alternative im Repertoire. Und Sie haben sich sogar mit den möglichen Argumenten Ihres Vorgesetzten beschäftigt. Setzen Sie doch noch eins drauf! Indem Sie sich schon jetzt ausmalen, wie es ist, wenn Sie Ihren »Chefsessel« haben. Wie fühlt es sich an, wenn Sie der Verantwortung gerecht werden (und das werden Sie, davon sind Sie felsenfest überzeugt)? Was erleben Sie, wenn Kunden von Ihnen begeistert sind und Ihr Vorgesetzter Sie dafür lobt, wie Sie diese anspruchsvollen Aufgaben lösen? Was sehen Sie? Was fühlen Sie? Hören Sie auch etwas? Vielleicht fühlen Sie ja auch das dicke Portemonnaie, in dem sich die Früchte Ihrer Arbeit bezahlt machen? Oder Sie sehen sich mit Ihrer Freundin zur Feier des Tages bereits im First-Class-Restaurant sitzen und das vorzügliche Fünf-Gänge-Menue genießen. Dieser Wein und diese Suppe und dann noch der stolze Blick Ihrer Freundin …

Sie halten das für übertrieben? Probieren Sie es einfach aus! Und lassen Sie sich überraschen, was passiert. Sie werden merken, dass diese Visualisierung eine starke Macht besitzt. Vieles von dem, was Sie visualisieren, wird wahr, und zwar schneller, als Sie sich vielleicht vorstellen können. Natürlich ist es kein Garant dafür, jedes Gespräch zu einem traumhaften Ende zu bringen, in dem sich, wie im Märchen, all Ihre Wünsche erfüllen. Aber es ist die Möglichkeit, alles in Ihrer Macht stehende zu tun, damit genau dieses Gespräch zu einem Erfolg für Sie wird.

Die drei wichtigsten Aspekte für mich/mein Umsetzungsplan

1.

____

____

2.

____

____

3.

____

____

Folgende Ideen werde ich umsetzen:

Noch heute

____

____

Morgen

____

____

In der nächsten Woche

____

____

Kapitel 3: Blickkontakt

Manchmal funkt es sofort, wenn zwei Menschen sich in die Augen blicken. Diese »Liebe auf den ersten Blick« müssen wir im Geschäftsleben ja nicht immer erreichen. Allerdings sollten Sie wissen, wie wichtig der erste Blickkontakt mit jemandem ist. Denn dadurch kann Ihr Gegenüber auch erkennen, ob Sie wirklich das meinen, was Sie sagen. Genau wie bei der Körpersprache und der Mimik, deren Bestandteil ja auch der Blickkontakt ist, kommt Ihre Seele sozusagen nach außen und beweist, meist unbewusst, dass Sie nicht ganz aufrichtig sind. Vorausgesetzt natürlich, Ihre innere Einstellung und Ihre Worte sind nicht stimmig. Die Augen drücken aus, ob wir jemandem eher fröhlich, liebend oder ernst und aggressiv begegnen. Da kann das offensichtlich so begeistert dahingesagte »Guten Morgen!« gleich eine ganz andere Wirkung erzielen, wenn unser Innerstes durch einen traurigen Blick etwas ganz anderes sagt. Oder wie der österreichische Dichter Franz Grillparzer (1791–1872) sagte: »Kann der Blick nicht überzeugen, überredet die Lippe nicht.« Der Blickkontakt stellt den ersten und direkten Kontakt zu Ihrem Gegenüber her, oft schon, bevor überhaupt noch ein Wort gesprochen ist. Achten Sie also auf die Sprache Ihrer Augen. Wie, das erfahren Sie in diesem Kapitel.

Die Angst vor dem anderen

So, wie bei manchen Menschen die Begeisterung förmlich aus den Augen blitzt, drückt ein fehlender Blickkontakt die Angst vor dem anderen aus. Wer verschüchtert zu Boden blickt, kann keine klaren Forderungen stellen, und wessen Blick pausenlos durch die Gegend schweift, dessen Worte können keinen Menschen fesseln. Wie auch? Hat man doch ständig das ungute Gefühl, etwas anderes ist für den Gesprächspartner in diesem Moment wichtiger.

Kinder spielen immer wieder das Spiel, wer dem anderen länger in die Augen schauen kann. Natürlich soll dies nicht gleich in einen Machtkampf ausarten. Doch die Macht zeigt sich und auch das Selbstbewusstsein und die Überzeugung: Ich habe nichts zu verbergen und kann dir offen und ehrlich in die Augen schauen. Sobald Angst mit im Spiel ist, gelingt dies nur sehr schwer. Ich fühle mich schwächer, dümmer oder einfach nur unbedeutender als mein Gegenüber und schon fällt es mir schwer, den Blickkontakt aufzunehmen oder gar aufrechtzuerhalten.

Überlegen Sie einmal, in welchen Situationen Sie Ängste empfinden. Und haben Sie keine Scheu davor, sich einmal damit auseinander zu setzen. Die bekanntesten Schauspieler geben immer wieder zu, dass sie vor Lampenfieber und Angst vor ihrem Auftritt hinter der Bühne nur so zittern – und auf der Bühne deshalb umso erfolgreicher agieren. Der deutsche Schriftsteller Erich Kästner (1899–1974) stellte in diesem Zusammenhang einmal fest: »Wenn einer keine Angst hat, hat er keine Phantasie.«

Wovor haben Sie Angst, wenn es darum geht, zu kommunizieren? Sind es größere Gruppen? Ist es das Vier-Augen-Gespräch, besonders wenn es um schwierige Themen geht? Oder ist es einfach nur die Angst vor anderen Meinungen, denen Sie nichts entgegenzusetzen haben? Haben Sie Angst vor Situationen oder eher vor dem Menschen, der Ihnen gegenübersteht oder -sitzt? Ohne jetzt tiefenpsychologisch in die Angstbewältigung einsteigen zu wollen – überlegen Sie doch einmal, was in einer solchen Situation in Ihnen vorgeht:

- Sie haben Herzklopfen oder sogar Herzrasen.
- Ihnen bricht der »kalte Schweiß« aus.
- Sie haben Schmetterlinge im Bauch.
- Ihre Finger sind eisig und Sie zittern.
- Sie haben einen Kloß im Hals und können nicht mehr sprechen.

So oder ähnlich ist es doch, oder? Dann können Sie sich darauf verlassen, dass es das nächste Mal eben wieder so sein wird, wenn Sie vor einer derartigen Situation stehen. Wovor also haben Sie dann noch Angst? Wehren Sie sich nicht gegen diese Vorgänge, denn Sie werden sie kaum von heute auf morgen verhindern können. Ganz im Gegenteil: Alleine dieses Wissen, dass diese Gefühle und unangenehmen Vorgänge geschehen und Sie diese geschehen lassen können, wohl wissend, dass sie auch wieder vorübergehen, gibt Ihnen eine gewisse Stärke. Wer Reaktionen kennt, braucht keine Angst mehr davor zu haben. Nehmen Sie sich einfach das nächste Mal etwas Zeit, lassen Sie Gefühle kommen und auch wieder gehen. Und dann ergreifen Sie in der Gewissheit, »das Schlimmste überstanden zu haben«, das Wort und vertrauen auf Ihr Wissen und Können.

Die Macht des Namens

Was hören Menschen am liebsten? Nein, dies soll keine Diskussion über die unterschiedlichen Musikgeschmäcker werden. Nicht Mozart oder Beatles, nicht Jazz oder Rock ist gefragt. Menschen hören am liebsten ihren Namen. So einfach ist das. Überlegen Sie also einmal, wie Sie sich vorstellen, welche Bedeutung Sie also Ihrem Namen geben, und natürlich auch, wie oft Sie den Namen Ihres Gesprächspartners verwenden.

Ihr Name ist Ihr Kapital und die mündliche Vorstellung, sozusagen Ihre erste Visitenkarte. Vielleicht haben Sie sich schon einen Namen gemacht? Man kennt Sie als Experten und schätzt Ihr Fachwissen genauso wie Ihre soziale Kompetenz. Vielleicht stehen Sie aber auch ganz am Anfang und müssen erst noch daran arbeiten: »Einen Namen hat der Mensch seit Geburt und Taufe, doch geschätzt wird er nach dem Namen, den er sich gemacht hat.« So Lothar Schmidt (* 1922), deutscher Politologe und Hochschullehrer. Wie auch immer – wichtig ist in jedem Fall, dass Sie sich Ihrer Wertigkeit bewusst bei jedem Gesprächskontakt mit Ihrem vollständigen Namen vorstellen. Ja, vollständig. Schließlich wollen Sie ja nicht nur »der Müller« oder »die Mayer« sein, sondern Brigitte Mayer oder Rolf Müller. Stehen Sie zu sich und zu Ihrem Namen und wachsen Sie dadurch und indem Sie sich einen Experten-Namen schaffen, zu einer Person und Persönlichkeit.

Besonders im Umgang mit Kunden stellen Sie natürlich dessen Namen in den Mittelpunkt des Gesprächs. Das beginnt schon mit der Begrüßung am Telefon: Was klingt in Ihren Ohren partner- oder kundenorientierter?

1. »Alfred Sieger von der Firma Heiztechnik Gasi, hallo, Herr Fuchs ...«
2. Oder: »Ich grüße Sie, Herr Fuchs, hier spricht Sieger, Alfred Sieger von der Firma Heiztechnik Gasi ...«

Richtig, natürlich die zweite Version. Denn in diesem Fall nutzen Sie sogar zwei entscheidende Vorteile: Zum einen kann Ihr Name, am Anfang genannt und schnell ins Telefon genuschelt, bevor Ihr Gesprächspartner den Hörer überhaupt am Ohr hat, leicht untergehen. Im besseren Fall fragt er nach, was Sie aus Ihrem Redefluss bringt, und im schlechteren Fall weiß er hinterher nicht einmal mehr, mit wem er überhaupt gesprochen hat. Im zweiten Fall begrüßen Sie zuerst einmal ihn, das bringt ihn zunächst einen Schritt näher (schließlich war er sicher vorher mit einem anderen Vorgang beschäftigt, so dass er eine gewisse Überleitung braucht). Er fühlt sich wohl, wenn er seinen Namen hört – und dann, wenn Sie seine volle Aufmerksamkeit haben, stellen Sie sich vor, so dass er ganz genau weiß, mit wem er es zu tun hat.

Wenn Menschen ihren Namen nicht mögen, mögen sie meist auch sich selbst nicht besonders. Sie können in Ihrem Leben viel verlieren oder gewinnen, Sie können umziehen, vor etwas davonlaufen, Sie können Geschäfte aufbauen und verschiedene Berufe ausüben – eines bleibt Ihnen: Ihr Name. Ihr Name macht Sie zur Person. Thomas Mann (1875–1955), deutscher Schriftsteller und 1929 Nobelpreisträger für Literatur, drückte es einmal so aus: »Der Name ist ein Stück des Seins und der Seele.« Das ist wohl auch der Grund, warum Menschen sehr verletzt sein können, wenn mit ihrem Namen gespielt wird. Mancher Mensch hadert sein Leben lang mit dem Kosenamen der Kindheit, und sei es auch nur die Verkleinerungsform Susi von Susanne oder Hansi von Hans. Manche Menschen legen Wert darauf, ab einer gewissen Entwicklungsstufe mit ihrem richtigen Namen angesprochen zu werden. Bitte beachten Sie solche Hinweise, wenn diese an Sie herangetragen werden. Oder können Sie sich vorstellen, überall mit einem Kosenamen angesprochen zu werden, außer natürlich beim »Liebesgeflüster« mit Ihrem Partner?

Ich kann mir keine Namen merken …

Mit dieser Aussage retten sich viele, wenn sie plötzlich einem bekannten Gesicht begegnen und den dazugehörigen Namen nicht mehr wissen. Überlegen Sie doch einfach mal, wie Sie sich fühlen, wenn jemand Ihren Namen nicht mehr weiß. Was denken Sie? Ich bin es nicht wert, dass er sich meinen Namen merkt? Besser gar keinen als einen schlechten Eindruck hinterlassen? Und umgekehrt, wie gut fühlen Sie sich, wenn jemand, dem Sie vielleicht nur einmal begegnet sind, Sie sofort

mit Namen anspricht? Sie wissen: Er hat sich für mich interessiert und ich (nicht nur mein Name) bin ihm im Gedächtnis geblieben. Diese Wertschätzung Ihrer Gesprächspartner sollte Ihnen am Herzen liegen. Und selbst wenn Sie sich nicht immer gleich an alles erinnern können, was Sie vielleicht während eines kurzen Gesprächs geplaudert haben, alleine durch den Namen geben Sie dem Treffen eine positive Ausrichtung: »Wer den Namen eines anderen behält und ihn immer wieder ausspricht, macht dem Betreffenden ein diskretes, aber wirkungsvolles Kompliment.« So der amerikanische Rhetoriklehrer und Unternehmensberater Dale Carnegie (1888–1955).
Trainieren Sie also Ihr Namensgedächtnis mithilfe von Eselsbrücken oder Bildern, die Sie – so verrückt es geht – in Ihrem Kopf zeichnen. Und haben Sie einen Namen beim ersten Mal nicht richtig verstanden, fragen Sie ruhig nach. Das ist immer noch besser, als beim nächsten Kontakt den Namen falsch auszusprechen. Benutzen Sie den Namen Ihrer Gesprächspartner mit Achtung. Sie werden merken, dass sich Menschen auch Ihnen gegenüber dann anders verhalten.
Der Name ist Mittelpunkt Ihrer Person und deshalb sprechen Sie Ihren Namen bei einer persönlichen Vorstellung natürlich laut und deutlich aus und achten darauf, dass auch Ihr Gesprächspartner dies tut. Ansonsten weisen Sie ihn ruhig darauf hin, wie Ihr Name richtig ausgesprochen wird. Dies sind einfach Grundvoraussetzungen für eine effektive Kommunikation und einen respektvollen Umgang miteinander.

Bauen Sie per Blickkontakt eine Brücke zum anderem auf

Vielleicht ist es Ihnen auf einer Party schon einmal so ergangen, dass Sie plötzlich mit einem Menschen am anderen Ende des Raums Blickkontakt und dabei das Gefühl hatten, dass alles um Sie herum leiser, gedämpfter wird und das ganze Geschehen einfach weiter entfernt ist? Man konnte die Brücke förmlich sehen und auf ihr spazieren gehen, auf dieser Brücke, die aufgrund dieses Blickkontakts entstanden ist. Wenn Sie es schaffen, eine solche Brücke aufzubauen, entsteht bei jedem Ihrer Gesprächspartner das Gefühl, dass Sie in diesem Moment nur für ihn da sind, dass sein Anliegen oder der Gesprächsinhalt in diesem Moment am wichtigsten ist. Dieses Vertrauen erst macht eine gute Kommunikation möglich, in der Menschen aufmerksam zuhören, Meinungen ausgetauscht und manchmal auch heiß diskutiert werden.

Vielleicht macht es einige Menschen unsicher, wenn sie intensiveren Blickkontakt halten. Vielleicht ist es auch für Sie, zumindest am Anfang, etwas gewöhnungsbedürftig. Üben Sie einfach, mit Blicken bewusster umzugehen, und Sie werden verblüffende Resultate erreichen. Und im Laufe der Zeit werden Sie ein wahrer Künstler des Blickes werden. Sie werden es schaffen, Menschen nur durch Ihren offenen Blick anzuziehen, durch das Blitzen in Ihren Augen zu begeistern, Kontakt aufzunehmen und Interesse beziehungsweise Ablehnung zu signalisieren. Vielleicht trainieren Sie einfach mal eine Woche lang diesen gezielten Umgang mit Blicken, indem Sie

- so wenig sprechen, wie nötig, dafür mehr mit Blicken arbeiten, indem Sie zum Beispiel nur mal mit den Augen lächeln und Zustimmung signalisieren.
- testen, welche Rolle die Distanz spielt, wenn Sie Blickkontakt aufnehmen wollen. Was passiert, wenn Sie und Ihr gewünschter Gesprächspartner näher beieinander sitzen oder weiter voneinander entfernt stehen?
- herausfinden, ob es Unterschiede gibt, wenn Sie Blicke mit Männern oder Frauen wechseln.
- genau auf Ihren Gesprächspartner achten und diesem etwas tiefer (im wahrsten Sinne des Wortes) in die Augen blicken. Beobachten Sie einmal ganz genau, was seine Augen (wirklich) aussagen und ob diese Aussagen mit den gesprochenen Worten übereinstimmen oder auch nicht.

Nach dieser Woche werden Sie völlig überrascht sein, zu welchen visuellen Wahrnehmungen Sie fähig sind und welche visuellen Signale Sie aussenden können. Sie werden merken, dass Kommunikation und intelligente Schlagfertigkeit nicht immer nur etwas mit Worten zu tun haben, sondern sehr viel auch mit der Körpersprache, der Mimik und Gestik und nicht zuletzt mit dem Blickkontakt.

Funkelnde Augen: die Kraft der Begeisterung

Haben Sie schon einmal einen Menschen beobachtet, der es geschafft hat, andere Menschen in seinen Bann zu ziehen? Vielleicht ist es Ihnen ja auch schon einmal selbst passiert, dass Sie plötzlich nur so an den Lippen eines Erzählers hingen und völlig fasziniert waren von dessen Geschichten und der Art, wie er diese dargeboten hat. Diese Kraft der Begeisterung entsteht sicherlich nur dann, wenn dieser Mensch selbst wirklich begeistert ist von dem, was er tut oder sagt. Die Begeisterung durchdringt jede Faser der Person, die nicht nur mit Worten ausdrückt, was ihr wichtig ist, sondern als ganzer Mensch dahinter steht. Körpersprache, Gestik, Mimik und die Augen unterstreichen das, was er sagt.

Und wenn Sie frisch verliebt sind, ist Ihnen diese Liebe auch von den Augen abzulesen. Ihre Augen funkeln geradezu, wenn Sie von den gemeinsamen Erlebnissen erzählen. Sie sprühen vor Begeisterung für diesen einen Menschen. Stellt sich die Frage, ob wir diese Kraft der Begeisterung nicht auch auf andere Bereiche übertragen können und durch diese funkelnden Augen unsere Gesprächspartner leichter für etwas begeistern und von etwas überzeugen können.

Sicher, der Inhalt der Worte ist in der Kommunikation immer ein großer Part. Doch scheitern die meisten Gespräche wirklich nicht daran, dass die Gesprächspartner fachlich und inhaltlich nicht versiert sind, sondern daran, dass eben jener Funke nicht überspringt, der notwendig ist, um dieses eine Gespräch wirklich zu einem gelungenen Gespräch werden zu lassen.

Lächeln macht erfolgreicher

»Das Weinen ist dem Menschen angeboren, aber das Lachen will gelernt sein.« Was der österreichische Komiker Max Pallenberg (1877–1934) ausdrückte, könnte des Pudels Kern nicht besser treffen. Jedes Kind kann bereits sehr früh weinen, schreien und die unterschiedlichsten Grimassen ziehen. Und es dauert eine ganze Weile, bis es seine Eltern mit dem ersten Lächeln begrüßt und zugleich begeistert. Ab diesem Zeitpunkt merkt das Kind dann allerdings recht schnell, dass Menschen, die man anlächelt, meist gar nicht anders können als zurückzulächeln.

Gehen Sie doch einfach an einem Samstagvormittag durch eine Fußgängerzone einer Großstadt in Deutschland, Womöglich noch an einem regnerischen Herbsttag – und lächeln Sie. Aber Vorsicht: Die Gefahr ist groß, dass die anderen Menschen Sie für verrückt halten. Hier wird nicht einfach gelächelt! Im Aufzug wird betreten nach unten gesehen und in der U-Bahn schaut jeder ins Leere oder beschäftigt sich ganz intensiv mit dem Inhalt seiner Tasche oder der Lektüre der Tageszeitung. Nur still und heimlich werden die Mitfahrer beobachtet. Was soll das denn werden, wenn da plötzlich einer die »Idylle« stört und beginnt, wildfremde Mitmenschen anzulächeln? Wo kämen wir denn da hin? Natürlich in eine bessere Welt, in ein angenehmeres Miteinander. Aber wer will das schon? Da bleibt man lieber anonym und verschwindet wieder in der Menge. Jedes Kind, das da einmal ein Lächeln aussendet, ist wie ein Sonnenstrahl.

»Lachen braucht weniger Energie als ein ernstes Gesicht«, hat Anton Gunzinger, der Schweizer Elektroingenieur, festgestellt. Darüber lässt sich streiten, weil Sie immerhin 73 Muskeln bewegen, wenn Sie lächeln, und erheblich weniger, wenn Sie ernst in die Welt hinausblicken. Aber Energie hin oder her. Eines steht fest: Lächeln ist eines der kostbarsten Dinge auf der Welt, das wir ohne finanziellen Aufwand verschenken können. Ein Lächeln kann trösten, aufmuntern und erlösen. Jedes Problem wird kleiner, wenn man es mit einem Lächeln betrachten kann, und jeder Gesprächspartner öffnet sich schneller, wenn wir ihn mit einem Lächeln begrüßen und unsere Kommunikation mit einem Lächeln begleiten. Es steckt an und baut ebenso wie ein freundlicher Blickkontakt eine Brücke zum Gegenüber.

In Japan gibt es das Sprichwort: »Wer lächelt, statt zu toben, ist immer der Stärkere.« Dies gilt natürlich auch für jede Form der Kommunikation. Ob Sie ein Gespräch eröffnen, eine heiße Diskussion die Nerven strapaziert oder Sie eine hart umkämpfte Verhandlung führen, das Erfolgsgeheimnis der Japaner ist das Lächeln. Vielleicht sollten wir zumindest in diesem Punkt von den Japanern lernen. Die Frage ist nur: Aus welchen Gründen blicken wir so streng? Weshalb machen wir meist so ein ernstes Gesicht? Natürlich ist das Leben manchmal nicht leicht und die täglichen Herausforderungen kosten große Anstrengungen. Allerdings wird die Situation auch nicht leichter, wenn wir alles so missmutig betrachten. Ganz im Gegenteil: Mit einem Lächeln auf den Lippen (und in den Augen) ertragen wir manch mühsame Situation etwas leichter. Und auch jede noch so kritische Gesprächssituation wird durch ein Lächeln für beide Seiten leichter. Ein Lächeln sagt: »Ich schätze dich als Mensch, unabhängig von unseren inhaltlichen Differenzen.« Ein Lächeln verbindet Menschen, ja, es ist sogar der kürzeste Weg zwischen ihnen. Nutzen Sie diese Möglichkeit und lächeln Sie einfach etwas öfter. Sie werden dadurch in Ihrem Tun erfolgreicher und was macht es schon, in einer Welt, in der alles geregelt und geordnet sein soll, einmal etwas »verrückt« zu erscheinen?

Die drei wichtigsten Aspekte für mich/mein Umsetzungsplan

1.

2.

3.

Folgende Ideen werde ich umsetzen:

Noch heute

Morgen

In der nächsten Woche

Kapitel 4: Stimmpräsenz

Die Stimme macht den Mann oder die Frau. Die Stimme macht den Mann oder die Frau erfolgreich. Wenn Sie mir nicht gleich zustimmen, Ihnen Gedanken durch den Kopf gehen wie: »Das stimmt doch gar nicht! Wir sind doch hier nicht im Schlager-Business oder in der Pop-Branche!«, dann überlegen Sie doch einfach, ob es in Ihrem Leben einmal die Situation gegeben hat, in der Sie bei einer Stimme, zum Beispiel am Telefon, »dahingeschmolzen« sind. Ohne dass Sie wussten, wie Ihr Gesprächspartner aussieht, jagte Ihnen nur diese Stimme eine Gänsehaut über den Rücken. Oder der umgekehrte Fall: Da steht dieser Adonis, der Ihnen mit einer Micky-Mouse-Stimme etwas zuflüstert, und alle Magie dieser Sekunde ist schlagartig vorbei. Oder die Traumfrau gibt Ihnen mit einer piepsigen Stimme zu verstehen, dass Sie gerne ein Glas mit Ihnen trinkt. Vielleicht gehört eine solche Stimme bei Verona Feldbusch zum unbezahlbaren Image, vor allem wenn auch die Grammatik nicht ganz stimmt, aber für eine Geschäftsfrau kann dies zur Katastrophe werden. Wie will ein Micky-Mouse-Mann, auch wenn er fachlich noch so kompetent ist, eine natürliche Autorität entwickeln? Und wie will sich eine Frau im Geschäftsleben behaupten, deren Stimmchen so zaghaft ist, dass ihr kein Mensch, geschweige denn ein Mann, zutraut, richtige Entscheidungen zu treffen?

Stimmpräsenz bedeutet nicht alleine, dass man der deutschen Sprache mächtig ist und sich mit einem Gesprächspartner unterhalten kann. Stimmpräsenz bedeutet, dass man mit seiner Stimme Stimmungen erzeugen kann, dass man die eigene Stimme als mächtiges Mittel in der Kommunikation einsetzt. Unabhängig von dem, was gesagt wird, ist oftmals entscheidend, wie etwas gesagt wird.

Ihre Stimme ist Ihr Trumpf

Jeder Theaterschauspieler, der eine ordentliche Ausbildung genossen hat, kann mit seiner Stimme einiges bewirken. Er kann nicht nur laut(er) und leise(r) sprechen, sondern auch gefühlvoll, zornig, aufbrausend, beruhigend oder nervös. Und diese Liste ließe sich beliebig weiter fortführen. Die Stimme ist nicht nur bei einem ausgebildeten Schauspieler Trumpf, sondern für jeden Menschen, der mit anderen Menschen wirkungsvoll ins Gespräch kommen möchte. Da kommt ein und derselbe Satz, nur indem man die Worte etwas anders ausspricht und eine andere Betonung wählt, beim Gesprächspartner gleich ganz anders an. Überlegen Sie doch selbst einmal: Wie kommen Sie wohl eher zu einem Konsens? Indem Sie durch eine schrille Stimme und ironisch verletzende Worte angreifen oder indem Sie mit einer beruhigenden Stimme eine gemeinsame Lösung anbieten?
Der Ton macht die Musik! Kein Zweifel, dass eine tiefe, harmonische Stimme angenehmer bei einem Gesprächspartner ankommt als eine hohe, kreischende Stimme. Und unabhängig davon, welchen Inhalt das Gesagte hat, wird jedes Gespräch in einer angenehmen Tonlage harmonischer verlaufen und enden. Mit der Stimme schaffen Sie es auch, einem Streitgespräch die Schärfe zu nehmen. Vorsicht ist jedoch geboten: Wenn Ihr Gesprächspartner schon aus dem Häuschen ist, kann ein betont beruhigend ausgesprochenes »Nun lass uns darüber doch in aller Ruhe sprechen« das Fass zum Überlaufen bringen. Generell gilt jedoch, und das kennen wir auch von Nachrichten-

sprechern oder exzellenten Rednern: Tiefe Stimmen wirken auf den Gesprächspartner nicht nur beruhigend, sondern auch überzeugender. Einem Menschen mit einer angenehm warmen, dunklen und volltönenden Stimme wird automatisch schneller und mehr Vertrauen entgegengebracht als einer Person mit einer eher höheren, vielleicht sogar schrill kreischenden Stimmlage.

Die Macht der Stimme

Machen Sie sich bitte eines bewusst: Ihre Stimme ist ein entscheidendes Erfolgskriterium. Ihre Stimme hat Macht – Macht über Ihre eigenen Gefühle (durch das, was Sie zu sich selbst sagen) und Macht über andere, indem Sie zwischenmenschlichen Kontakten durch Ihre Ausdrucksfähigkeit unterschiedliche Qualitäten zuweisen. In der Interaktion ist die Sprache und deren Ausdruck durch die Stimme im verbalen Bereich enorm wichtig. Alleine mit der Stimme können Sie andere Menschen streicheln oder sie in die Verdammnis schicken. Die Stimme kann nicht nur laut oder leise klingen, Sie kann angenehm klingen, angreifend, verurteilend, heilend, fördernd oder fordernd. Sie sollten in jedem Fall in der Lage sein, Ihrer Stimme unterschiedliche Ausdrucksformen zu geben, dann können Sie nicht nur die Macht der Stimme nutzen, sondern haben auch Macht über Ihre Stimme.

Die Atmung ist entscheidend

Holen Sie einmal tief Luft. Ausgezeichnet! Fühlen Sie den Sauerstoff, der Ihre Lungenbläschen füllt, und die Energie, die dadurch in Ihren Körper fließt. Ingrid Amon bringt es in ihrem Buch *Die Macht der Stimme* auf den Punkt: »Die richtige Atmung ist die Grundlage für freies und richtiges Sprechen. Denn Sprechen ist nichts anderes als eine Spezialfunktion des Atmens.« Sorgen Sie dafür, dass Sie immer genügend Luft haben. Nur so können Sie auch Ihre Stimme optimal nutzen und zum Klingen bringen.

Der Körper spricht mit

Im nächsten Kapitel werden Sie unter dem Thema »Charisma« noch einiges über die Körpersprache lesen und erfahren. Allerdings möchte ich hier schon einmal etwas vorgreifen, denn Ihr Körper hat auch sehr viel damit zu tun, wie Sie sprechen, wie Ihre Stimme klingt. Wenn Sie Ihren Kopf gesenkt halten, werden Sie kaum einen wohlklingenden Guten-Morgen-Gruß herausbekommen. Und wenn Sie zappelig von einem Bein auf das andere hüpfen, brauchen Sie sich nicht zu wundern, wenn auch Ihre Stimme nervös klingt. Ihr Körper unterstützt Sie beim Sprechen. Sie tun also gut daran, aufrecht durchs Leben zu gehen und mit einer ebenso aufrechten Körperhaltung sowie der entsprechenden natürlichen Gestik Ihrer Stimme die notwendige Ausdrucksstärke zu verleihen.

Werden Sie zu einem Meister der sanften Töne

Vielen Teilnehmern bei Rhetorik-Seminaren wird immer noch beigebracht, möglichst laut zu sprechen. Dabei machen viele bekannte Redner genau das Gegenteil: Sie waren und sind Meister der sanften Töne. Denn eines ist klar: Natürlich können Sie Ihre Stimme verändern. Die Frage ist nur, ob Sie dann eine 08/15-Stimme haben, die vielleicht gar nicht zu Ihrer Persönlichkeit und Statur passt, oder ob Sie Ihre Persönlichkeit durch Ihre veränderte Stimme unterstreichen. Dies soll Sinn und Zweck sein, wenn Sie sich mit Ihrer Stimme beschäftigen und diese schulen. Natürlich können Sie lernen, Ihre Stimme bewusst einzusetzen, und dies wird Sie, gerade was die Kommunikation und Schlagfertigkeit anbelangt, ein gewaltiges Stück in Richtung Erfolg leiten, allerdings müssen Sie dabei sich selbst treu bleiben. Nur dann wirken Sie in dem, was und wie Sie etwas sagen, authentisch und glaubwürdig. Ob sanfte Töne, Pausen oder die richtige Betonung, wirkungsvoll eingesetzt – Sie können dadurch Ihre Gesprächspartner begeistern und überzeugen.

Pausen wirkungsvoll einsetzen

Zu den sanften Tönen gehört auch, dass Sie ab und zu einfach gar nichts mehr sagen. Nicht, weil Sie nichts mehr zu sagen haben (dann sollte es eine Selbstverständlichkeit für Sie sein, den Mund zu halten), sondern weil Sie einfach eine Pause einlegen. Wirkungsvolle Pausen bedeuten nicht, dass dadurch der Sprechfluss unterbrochen wird, sondern zum Beispiel gerade aufgeführte wichtige Punkte besonders betont werden. Vielleicht haben Sie ja nur Angst, dass Ihnen jemand ins Wort fällt oder einen wichtigen Diskussionspunkt anführt, wenn Sie eine Pause machen, und sprechen deshalb lieber ohne Punkt und Komma. Vielleicht versuchen Sie es zukünftig zumindest einmal mit dem Pausieren. Jetzt erfahren Sie auch gleich, wie: Entweder Sie nutzen die soeben erklärte *Wirkungspause*, indem Sie Ihren Zuhörern die Möglichkeit geben, das soeben gesagte Revue passieren zu lassen. Oder Sie verwenden eine kurze Pause, bevor Sie eine entscheidende Aussage treffen, dann handelt es sich um eine so genannte *Spannungspause*.

Und am Schluss Ihrer Aussage machen Sie einfach eine große Pause ..., dass heißt, Sie setzen deutlich einen Punkt hinter Ihre Verlautbarungen, indem Sie mit der Stimme nach unten gehen. Sollten Sie mit der Stimme oben bleiben, kann ein Zuhörer nur sehr schwer erkennen, dass Ihre Ausführungen jetzt zu Ende sind und er die Möglichkeit hat, den Dialog fortzuführen. Übrigens ein kleiner Tipp am Rande: Wissenschaftler haben herausgefunden, dass Menschen Sätze mit 14 Wörtern nicht mehr aufnehmen können. Bedenken Sie dies, wenn Sie das nächste Mal meinen, Ihrer Stimme durch einen möglichst langen Satz Ausdruck verleihen zu müssen.

Ausdrucksstarke Betonung ist erlaubt

Bei allen leisen und sanften Tönen sowie Pausen, in denen überhaupt kein Ton mehr erklingt, soll dies natürlich kein Aufruf dazu sein, keinen Elan mehr in die persönliche Rede zu legen. Natürlich sollen Sie lebendig sprechen, natürlich soll Ihrer Begeisterung mit der Sprache Ausdruck verliehen werden. Die Betonung, Lautstärke und das Tempo sind entscheidende Mittel, um einen Spannungsbogen aufzubauen – und das gilt nicht nur für eine Rede, sondern für jedes Gespräch, das Sie führen. Sprechen Sie abwechslungsreich, dann wird jeder Gesprächspartner gerne Ihren Ausführungen folgen und gemeinsam werden Sie außergewöhnliche Dialoge führen. Nicht zu laut und nicht zu leise sollten Sie sprechen, denn beides bewirkt beim Zuhörer Abwehr. Bei einer hohen Lautstärke vermutet Ihr Zuhörer unbewusst, Sie wollen ihn dominieren; bei einer zu leisen Stimme wirken Sie unsicher und wenig überzeugend. Richten Sie sich bei größeren Zuhörergruppen am besten nach den Raumverhältnissen und in einem Zweiergespräch nach der Distanz und der Persönlichkeit Ihres Gesprächpartners. Ist er eher ein ruhiger Typ, sprechen auch Sie eher leise, kommt er mit einem »Gepolter« daher, dürfen ruhig auch Sie etwas bestimmter auftreten. Gleiches gilt übrigens für die Sprechgeschwindigkeit – auch diese passen Sie am besten Ihrem Zuhörer an oder nehmen, wenn Sie mehr als einen Zuhörer haben, ein gutes Mittelmaß.

Wenn Sie dies berücksichtigen, entsteht eine ideale Stimm-Melodie, die Ihre Persönlichkeit und Dynamik auch in Ihrer Stimme und der Art des Sprechens wiedergibt.

Der Ton macht die Musik

Wenn ein Redner immer in der gleichen Tonlage spricht, monoton und in keinster Weise lebendig seine Inhalte präsentiert, braucht er sich nicht zu wundern, wenn seine Zuhörer abschalten und über kurz oder lang einschlafen. Der Ton macht die Musik und nur ein sinnvolles Auf und Ab der Stimme schafft Spannung. Die Tonalität kann jedoch noch viel mehr. Sie entscheidet, ob die getroffene Aussage glaubwürdig rüberkommt oder nicht. Ob Sie am Ende einer Aussage zum Beispiel mit Ihrer Stimme nach oben oder unten gehen oder sogar neutral (ohne Höhen und Tiefen) sprechen, entscheidet darüber, wie das, was Sie sagen, von Ihrem Gesprächspartner aufgenommen wird. Ein Beispiel: Im Geschäftsalltag finden sich immer wieder Situationen, in denen Sie Hilfe benötigen. Nur in sehr wenigen Fällen wird Ihnen diese Hilfe automatisch angetragen. In den meisten Fällen müssen Sie darum bitten, dass Ihnen zum Beispiel ein Kollege hilft. Hier kommt es ganz entscheidend darauf an, wie dies geschieht. Sie haben drei Möglichkeiten:

Gleich bleibende Tonalität
Sie sprechen die Bitte »Können Sie mir bitte helfen?« mit einer mittleren Stimmlage aus:

Keine Höhen oder Tiefen machen einen Teil des Satzes wichtiger als den anderen. Sicher wissen Sie, was die Null-Linie oder so genannte Flatline auf dem EKG-Gerät bedeutet. Durch Ihre monotone Sprechweise vermitteln Sie zumindest den Eindruck, dass Ihnen weder an der Aufgabe noch an der Tatsache, ob Ihnen bei der Durchführung geholfen wird, viel liegt.

Upward inflexion
Sie sprechen die Bitte »Können Sie mir bitte helfen?« am Ende mit erhöhter Stimmlage aus:

Jetzt ist Ihre Bitte schon etwas interessanter formuliert, auch wenn Sie Ihren Gesprächspartner nicht wirklich zur Hilfe motivieren können. Wissen Sie auch, warum dies so ist? Mit einer Stimme, die am Ende einer Aussage nach oben geht, wirken Sie eher unsicher. So, als ob Sie nicht wüssten, ob Ihre Bitte erfüllt wird. Durch diese Zögerlichkeit wird Ihnen natürlich eine Bitte auch eher einmal abgeschlagen, als wenn Sie bestimmt(er) auftreten. Handelt es sich nicht um eine Bitte, schwächt eine erhöhte Stimmlage am Satzende außerdem die Glaubwürdigkeit Ihrer Aussage.

Downward inflexion
Sie sprechen die Bitte »Können Sie mir bitte helfen?« am Ende mit tiefer Stimmlage aus:

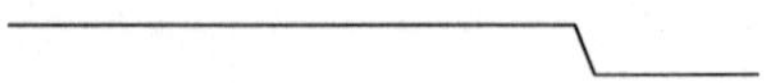

Gleich einer Katze schnurren Sie Ihre Bitte und am Ende schnurren Sie noch ein wenig tiefer und wohliger. Was meinen Sie wohl, wie gerne und selbstverständlich Ihnen die Menschen zukünftig behilflich sein werden? Mit einer ruhigen, dunklen Stimme, die, wie bereits gesagt, am Ende nochmals minimal nach unten geht, stehen Sie für Selbstbewusstsein und Überzeugungskraft. So »werden Sie gerne geholfen«!
Bei den drei Aussagen oder Bitten im Vergleich ist die dritte sicher die wirkungsvollste. Vielleicht sprechen Sie die drei Varianten einfach mal nacheinander aus und versuchen, mit Ihrer Stimme die Tonalität einmal ganz bewusst zu steuern. Dann werden Sie selbst merken, was passiert und wie die Tonalität auch den Inhalt einer Aussage verändern kann. Im dritten Fall zum Beispiel wirkt die Bitte eher wie eine konkrete Aufforderung und dem Gesprächspartner wird es gar nicht in den Sinn kommen, Nein zu sagen oder andere wichtige Dinge vorzuschieben. Nutzen Sie diese Technik in den entscheidenden

kommunikativen Momenten und Sie werden merken: Der Ton macht die Musik!

Stimme und Charisma

Sicher ist Ihnen schon einmal etwas Ähnliches passiert: Sie telefonieren zum ersten Mal mit einem Menschen, hören dessen Stimme und »schmelzen nur so dahin«. Da ist oft gar nicht so entscheidend, was derjenige sagt (vorausgesetzt Sie können dem Inhalt überhaupt noch folgen). Sie sind einzig und allein fasziniert von der Stimmlage, von dem, was diese Stimme über den Inhalt hinaus verspricht.
Stellen Sie sich nur einmal vor, Sie wären heillos verliebt. Was passiert denn mit Ihrer Stimme, wenn Ihre »Flamme« ganz plötzlich anruft? Sie »flöten«, »geigen« – da könnte sogar ein philharmonisches Orchester blass vor Neid werden. Ihre Stimme wird harmonisch, tiefer und Sie lassen all das erklingen, was an Gefühlen in Ihnen steckt. Vorausgesetzt natürlich, Sie sind nicht zu nervös, denn dann klingt Ihre Stimme höher, aufgeregt und Sie kriegen keinen wohlklingenden Ton zustande. Beides hat mit Ihrer Stimme und Charisma zu tun. Haben Sie die innere Souveränität, strahlen Sie diese Ruhe auch nach außen aus und haben eine entsprechende Stimmlage. Natürlich lässt sich diese Ruhe in der ersten Verliebtheit nicht immer aufrechterhalten – Ihre große Liebe wird Ihnen das sicher verzeihen. In allen anderen Situationen aber können Sie mit Ihrer charismatischen Stimme andere Menschen verzaubern, überzeugen oder beeinflussen. Stimme und Charisma sind ein unschlagbares Doppel, um Ihrer Persönlichkeit einen Klang zu verleihen.
Täglich benutzen Sie Ihre Stimme. Sie sprechen, telefonieren, flüstern, schimpfen, lachen, geben dem, was Sie sagen, einen Klang. Wie bei einem Instrument haben Sie die Möglichkeit, Ihre Stimme zu stimmen. Jedoch nicht nur, indem Sie ganz

speziell an Ihrer Stimme und deren Ausdrucksweise arbeiten, sondern indem Sie Ihre Persönlichkeit, Ihre Ausstrahlungskraft und Ihr Charisma weiterentwickeln. Wie, das erfahren Sie gleich im anschließenden Kapitel.

Konsequentes Training ist der Schlüssel zum Erfolg

Was können Sie tun, wenn Sie nicht von Haus aus mit einer harmonischen, dunklen Stimmlage gesegnet sind? Keine Angst, auch ein Mäuschen-Piepsen und eine hohe Stimmlage lassen sich mit etwas Übung verändern. Vielleicht ist diese Veränderung aber nicht nur durch eine Stimmübung zu erreichen. Überlegen Sie doch einmal: Wenn Sie ängstlich sind, ist auch Ihre Stimme ängstlich. Sie zittert vielleicht genauso wie Ihr Körper. Und wenn Sie zornig sind, klingt auch Ihre Stimme zornig. Kann es sein, dass Ihre Stimme, dann wenn Sie sich vollkommen wohl fühlen, etwas tiefer klingt, als wenn Sie vielleicht nervös vor einem wichtigen Gespräch (zum Beispiel für eine Bewerbung) auf und ab »tigern«?

Ihre Stimme drückt Ihre Stimmung aus. Genauso kann Ihre Stimme auch die Stimmung Ihres Gegenübers beeinflussen. Dann kann es doch auch sein, dass Sie durch die Arbeit an Ihrer Stimme Ihre Stimmung beeinflussen und umgekehrt. Das heißt, wenn Sie es schaffen, gezielt und bewusst Ihre persönliche Stimmung zu beeinflussen, wird auch Ihre Stimme anders klingen. In vielen Gesprächssituationen ist dies vielleicht der entscheidende Schritt. Natürlich kann es nicht schaden, wenn Ihnen Ihre Stimme nicht gefällt, mit einem Stimmlehrer zu arbeiten. Viel entscheidender ist es allerdings, dass Sie in allem, was Sie tun, stimmig sind; dass Sie sich wohl fühlen, von sich und dem, was Sie tun und sagen, überzeugt sind. Dann wird auch Ihre Stimme eine ganz andere Qualität bekommen.

Ansonsten können Sie natürlich auch selbst an und mit Ihrer Stimme arbeiten. Viele Menschen erschrecken immer noch, wenn sie die eigene Stimme zum ersten Mal hören. Sie klingen für einen Außenstehenden natürlich etwas anders, als Sie sich selbst hören. Deshalb können Sie mit einem Kassettenrecorder so einiges bewirken. Sprechen Sie einfach Texte aus der Tageszeitung auf Kassette. Tun Sie dies einmal mit Ihrer Alltagsstimme. Und nun hören Sie selbst einmal genau hin. Wie sprechen Sie? Sind sie verständlich? Verschlucken Sie Silben oder betonen Sie irgendwelche Dinge besonders? Und dann sprechen Sie den gleichen Text einmal mit einer extrem hohen und tiefen Stimme auf das Band. Was verändert sich?

Übung macht den Meister

Beim Stimmtraining gilt: Übung macht den Meister! Nur konsequentes Training bringt Sie nach vorne und hilft Ihnen dabei, effektiver zu kommunizieren. Gewöhnen Sie sich zuerst einmal an Ihre Stimme, denn Sie gehört zu Ihnen wie Ihr Körper. Gewöhnen Sie sich an ein angepasstes Sprechtempo. Viele Menschen neigen dazu, zu schnell zu sprechen, besonders wenn sie nervös sind. Allerdings ist es auch ermüdend, wenn jemand sehr langsam spricht und man Mühe hat, dem Satzzusammenhang zu folgen. Natürlich lässt sich alles trainieren, ob zu Hause mit Kassettenprogrammen, bei einem Logopäden oder einem professionellen Rhetorik-Seminar. Allerdings wird Ihnen auch dort die Arbeit an sich selbst und der eigenen Stimme nicht abgenommen. Sie erhalten lediglich sinnvolle Anregungen, was Sie wie verändern können und welche Konsequenzen dies auf Ihre Stimme hat.

Die drei wichtigsten Aspekte für mich/mein Umsetzungsplan

1.

2.

3.

Folgende Ideen werde ich umsetzen:

Noch heute

Morgen

In der nächsten Woche

Kapitel 5: Charisma: Ruhende Ressourcen

Charisma – das ist diese Eigenschaft, diese Ausstrahlung, die man großen Persönlichkeiten wie beispielsweise dem Dalai Lama nachsagt. Und doch gibt es immer wieder, direkt bei Ihnen um die Ecke, vielleicht einen völlig unbekannten Menschen, der dieses Strahlen besitzt, der Menschen in seinen Bann schlagen kann, sobald er einen Raum betritt. Charismatische Menschen können einfach nicht übersehen oder nicht beachtet werden. Charismatische Menschen wirken interessant, anziehend und hinterlassen nach einer Begegnung meist einen tiefen Eindruck. Dabei hat Charisma nichts mit dem Stand oder dem Bekanntheitsgrad einer Person zu tun. Charisma ist etwas, das tief aus dem Inneren eines Menschen, unabhängig von Stellung und Rang, kommt. Dieses innere Strahlen ist das Geheimnis, das charismatische Menschen von den zahlreichen »grauen Mäusen« auf dieser Welt unterscheidet.

Ein Zitat aus Kuba sagt: »Ein Licht, das von innen her leuchtet, kann niemand auslöschen.« Genauso ist auch mit Charisma. Denn Menschen mit Charisma ruhen in sich selbst und strahlen eben diese innere Ruhe, verbunden mit einer Zuversicht und einem tiefen Glauben an sich selbst, aus. Wenn Sie nun befürchten, dass Sie diese innere Ruhe nie erreichen werden und Charisma manchen Glückskindern eben in die Wiege gelegt wurde – weit gefehlt: Sie selbst können sehr viel dazu tun, dass Sie Ihr Charisma entwickeln und stärken, damit auch von Ihnen bald ein inneres Strahlen ausgeht, das Stärke, Ruhe und natürliche Macht ausdrückt.

Was ist Charisma?

Der österreichische Erzähler, Dramatiker und Essayist Robert Musil (1880–1942) sagte einmal: »Eine Persönlichkeit ist der Ausgangspunkt und Fluchtpunkt alles dessen, was gesagt wird, und dessen, wie es gesagt wird.« Wie Sie sehen, spielt der Charisma-Faktor in der Kommunikation eine entscheidende Rolle. Aber was ist Charisma überhaupt? Wird es in der Schule gelehrt? Kann man eine Charisma-Ausbildung machen? Gibt es eine Liste verschiedener Eigenschaften, auf der man nur eine bestimmte Anzahl abhaken muss, um als charismatischer Mensch zu gelten? So einfach ist das leider nicht. Jedoch ist Charisma lernbar. Immer noch ist Charisma etwas Besonderes, das manche Menschen besitzen. Ein paar wenige haben sehr viel davon, bei dem einen oder anderen flackert es hin und wieder kurz auf und bei anderen passiert ein Leben lang überhaupt nichts.
Ist Charisma eher der Sexappeal eines Hollywood-Schauspielers, die Energie eines Olympia-Zehnkämpfers, die Ausstrahlung einer Mutter Teresa oder die Überzeugungskraft eines begnadeten Redners? Mit »begnadet« kommen wir der Sache vielleicht schon etwas näher. Und doch scheiden sich die Geister, was denn nun Charisma wirklich ist. Wahrig Deutsches Wörterbuch definiert so:

Cha·ris·ma: göttliche Gnadengabe, Berufung; Ausstrahlung [<grch. charisma »Gnadengeschenk«]

cha·ris'ma·tisch: einer göttlichen Gnadengabe entsprechend

In der Soziologie bedeutet Charisma eine auf persönliche Ausstrahlung begründete besondere Form der Autorität.

Wobei Autorität lateinisch »auctoritas« (»Urheberschaft«) mit Ansehen, Einfluss und Geltung gleichgesetzt wird. Ursprünglich war Autorität der Ausdruck sachlicher Überlegenheit und persönlicher Größe. Soziologisch gesehen ist Autorität eine Form der Macht, die nicht auf Gewalt, sondern auf der Anerkennung von Werten oder Funktionen beruht. Autorität besitzt die Persönlichkeit im Ganzen oder in einzelnen Fachgebieten. Wo immer eine Autorität nicht oder nicht mehr durch sachliche Überlegenheit oder persönliche Größe begründet ist, ist »Autorität« nach heutigem Verständnis nur ein beschönigendes Wort für Gewalt und Unterdrückung. In der Theologie ist Charisma der neutestamentliche Ausdruck für die Begabung mit Gottes Geist, die sich in verschiedenen Fähigkeiten (Verkündigung, Heilungen u. a.) ausdrückt.

Was denken Sie? Haben Sie Charisma? Strahlen Sie etwas aus? Wie wirken Sie auf andere? Eher anziehend oder eher weniger beachtet? Stehen Sie im Mittelpunkt, weil Sie einfach der sind, der sich in den Mittelpunkt drängt, am meisten »schauspielert« oder am lautesten nach Aufmerksamkeit heischt? Oder weil die Menschen von Ihnen fasziniert sind? Fasziniert von Ihrer natürlichen Anziehungskraft, von Ihrer inneren Ruhe? Eines steht ohne Frage fest: Menschen mit Charisma werden bevorzugt, ob in der beruflichen Laufbahn oder im privaten Bereich. Diese charismatischen Menschen wirken in ihrer Persönlichkeit gereift und setzen diese innere Stärke natürlich auch im Kontakt mit anderen Menschen ein. Ob sie einfach nur einen Raum betreten, ein Gespräch führen oder eine Rede halten, sie rücken nicht nur durch eigene Aktivitäten in den Mittelpunkt, sondern werden sozusagen von den anderen Menschen in den Mittelpunkt des Geschehens gerückt. Meist haben Menschen mit Charisma auch einen hohen Grad an sozialer Kompetenz, weil sie neben Selbstbewusstsein, Ruhe und Gelassenheit auch motivierende Lebendigkeit und Einfühlungsvermögen besitzen.

Diese Stärken wissen charismatische Menschen in allen (auch kritischen) Situationen einzusetzen. Mit einem intensiven Blickkontakt und einer überzeugenden Stimmpräsenz haben sie eine enorme Wirkung auf andere Menschen und können Gespräche lenken.
Manchmal sind charismatische Persönlichkeiten bekannte Menschen des öffentlichen Lebens. Manchmal treffen wir charismatische Menschen beim Bäcker gegenüber und sind fasziniert von deren Persönlichkeit. Manche Menschen gehen einfach ihren Weg und bestechen durch hervorragende charismatische Eigenschaften:

- Entspanntheit im Umgang mit (schwierigen) Situationen
- Klarheit im Denken
- Freundlichkeit im Umgang mit (allen) Menschen
- Entschiedenheit im Handeln
- Willensstärke
- den hohen Anspruch in die eigene Arbeit

Chris Mulzer, anerkannter Experte für Charisma Enhancement und die »Aktivierung von brachliegenden Ressourcen«, ist davon überzeugt, dass jeder Charisma ausstrahlen kann: »Viele Menschen machen es sich nur sehr schwer, dieses Charisma anderen Menschen zugänglich zu machen. Etwas Training hat da noch keinem geschadet. Sicher sind auch Sie schon einmal einem Bekannten begegnet, in dessen Gesicht sich etwas verändert hat. Und Sie konnten nicht sagen, ob er jetzt beim Schönheitschirurgen war oder nicht … Mit einem guten Trainer für Charisma ist es ähnlich: Es hat sich etwas zum Positiven verändert, keiner kann jedoch sagen, was der Grund dafür ist.«
Wenn Sie Charisma haben, haben Sie es als Mensch leichter, sich darzustellen und zu verkaufen. Dazu nochmals Chris Mulzer: »Zu den typischen charismatischen Fähigkeiten, die jeder Mensch beherrschen sollte, gehören u.a. die Ausstrahlung einer kommunikativen Offenheit, die Fokussierung auf

die Wahrnehmung des Gegenübers und die entspannte Freundlichkeit.« Wenn Sie Charisma besitzen, fällt es Ihnen als Führungskraft leichter zu führen, als Lehrer leichter zu lehren, als Mutter oder Vater leichter zu erziehen. Sie besitzen die außergewöhnliche Fähigkeit, andere Menschen mit Ihrem beeindruckenden Wesen auf unerklärliche Weise für sich einzunehmen. Haben Sie kein Charisma, dann wird es Zeit, über Ihre Ausstrahlung und Wirkung auf andere nachzudenken. Jeder Mensch kann sich charismatische Eigenschaften aneignen, kann lernen, auf andere Menschen charismatisch zu wirken. Wie? Indem Sie

- die ruhenden Ressourcen in sich erkennen und aktivieren und
- Souveränität ausstrahlen

und damit das Fundament einer gelungenen Kommunikation bilden. Erst dann macht das Erlernen und Trainieren von Kommunikationswerkzeugen und dialektischen Methoden Sinn. Sind Sie bereit, Ihren Charisma-Faktor zu erhöhen? Wollen Sie mehr persönliche Ausstrahlungskraft besitzen? Dann lesen Sie aufmerksam die nächsten Seiten und beginnen Sie an sich zu arbeiten. Und denken Sie daran: Von dieser Ausstrahlungskraft hängt ganz wesentlich Ihr beruflicher und auch privater Erfolg ab. Vielleicht wollen Sie, bevor es richtig losgeht, anhand eines kleinen Tests erfahren, ob Sie Charisma haben und wie viel davon oder ob Sie besser noch an Ihrer Persönlichkeit arbeiten.

Situation 1: Sie stehen im Supermarkt an der Kasse und jemand drängelt sich vor – was passiert?

a) Das würde mir nie passieren – bei meiner Ausstrahlung!
b) Ich sage nichts, weil ich einfach über solchen Lappalien stehe!
c) Ich spreche den Drängler höflich und bestimmt darauf an und zeige ihm, wo die Schlange endet!

Situation 2: Ein Kollege, der wesentlich weniger Ergebnisse präsentiert als Sie, wird vor Ihnen befördert. Was tun Sie?

a) Ich zeige meinem Chef mal so richtig, wie blind er eigentlich ist, dass er nicht erkennt, wie gut ich bin!
b) Ich weiß, dass der nächste Chefsessel noch weicher ist als der gerade vergebene!
c) Ich lasse mir bei der nächsten Mitarbeiterbesprechung einen Einzeltermin geben und stelle sicher, dass ich die Situation richtig einschätze!

Situation 3: In einer Gruppe von mehreren Menschen möchten Sie gerne etwas sagen:

a) Ich sage immer, was ich loswerden will.
b) Was gesagt werden muss, wird gesagt, egal ob es anderen passt!
c) Ich spreche im richtigen Moment und alle hören mir interessiert zu.

- **Überwiegend a):**
  Sie sollten die Chance nutzen und ein Persönlichkeits- oder Charisma-Seminar besuchen. Sie werden merken, dass danach einiges anders läuft in Privat- und Berufsleben.
- **Überwiegend Antwort b):**
  Sie tendieren zu einer charismatisch wirkenden Person, arbeiten Sie an den Feinheiten! In speziellen Workshops werden den Teilnehmern Strategien gezeigt, um die schlummernden Ressourcen jedes Einzelnen zutage zu fördern und zu aktivieren. Gute Seminare zeigen Ihnen auf, wie Sie mit Ihrer Ausstrahlung die Realität schnell verändern und Ihren persönlichen Erfolg steigern können. Sie lernen, wie sich durch eine Änderung Ihrer Einstellung für Sie ungeahnte Chancen ergeben.
- **Eindeutig c):**
  Wir können alle voneinander lernen! Alles beginnt mit dem ersten Schritt und den richtigen Strategien. Auch für Sie als

personifiziertes Charisma gibt es noch den einen oder anderen Geheimtipp. Doch lesen und erleben Sie selbst!

In der Ruhe liegt die Kraft

Kennen Sie Menschen, die immer in Hektik sind? Die nie zur Ruhe kommen, immer von einem Termin zum nächsten, von einem Ziel zum anderen hetzen? Menschen mit Charisma sind niemals solche »Stress-Menschen«. Ganz im Gegenteil: Wenn jemand Charisma hat, geht von ihm meist auch eine wohltuende Ruhe aus. Und umgekehrt, wer diese innere Ruhe besitzt, hat oft auch Charisma, eine besondere Ausstrahlung. Bewundern wir nicht auch Menschen, die, egal was um sie herum passiert, Ruhe bewahren? Diese ruhenden Pole suchen viele Menschen. Gerade wenn es hoch hergeht, haben sie immer den Überblick, wissen, was zu tun ist, und treffen mit einem klaren Blick und Verstand die richtigen Entscheidungen. Während die anderen, die immer unter Druck sind, oft den Blick für das Wesentliche verlieren, sich in Kleinigkeiten verzetteln und deshalb auch nicht in der Lage sind, eine durchdachte Entscheidung zu treffen.

In der Ruhe liegt die Kraft! Dieses Sprichwort drückt klar und deutlich aus, worauf es im Leben ankommt. Wie aber kann man eine solche innere Ruhe und Ausgeglichenheit erreichen? Natürlich haben wir alle viel zu tun. Natürlich leben wir in einer hektischen Zeit. Und natürlich tun wir uns schwer damit, einmal loszulassen. Aber warum nur? Weil man immer etwas zu tun haben muss, etwas leisten, etwas voranbringen … Oder? Sicher kennen Sie auch die Situation, dass Sie vor einem schwierigen Problem stehen und Ihnen will partout keine Lösung einfallen. Je mehr Sie sich Ihr Hirn zermartern, umso weniger Ideen kommen Ihnen in den Sinn. Sie sind blockiert! Es ist schier zum Verzweifeln. Und sicher haben Sie schon einmal festgestellt, dass Ihnen vielleicht nach einer kurzen Auszeit, ei-

nem Spaziergang um den Block, die rettende Idee plötzlich wie von selbst in den Sinn kam. Die Lösung ist ganz einfach: Sie haben sich und Ihrem Kopf einfach etwas Ruhe gegönnt und schon konnten die Gedanken wieder fließen.
Wir Menschen brauchen solche Ruhezonen, vor allem wenn wir ein schwieriges Problem zu lösen haben oder eine gewisse Zeit 150 Prozent geleistet haben. Irgendwann muss der Akku aufgeladen werden und die einkehrende Ruhe bringt ausreichend Kraft für neue Ideen und Taten.

Konzentration und Zielklarheit

Ruhe vermittelt Konzentration, die Kraft, alles (gemeinsam) durchzustehen, die Ausdauer, bis zum Ziel durchzuhalten, und ein grundsätzliches Vertrauen in sich und die Welt. Ruhe gibt Sicherheit. Jedes Gespräch, das wir führen, und jede Diskussionsrunde, der wir beiwohnen, gewinnen, wenn ein charismatischer Mensch anwesend ist. Er bringt Ruhe in die Diskussion, weil die anderen einem charismatischen Menschen gerne zuhören und dessen Meinung ihnen wichtig ist. Er führt Gespräche souverän, weil er seine Stärken kennt und diese nicht durch eine unfaire Kommunikation demonstrieren muss. Den Menschen, die immer hektisch sind, die stolz darauf sind, immer im Stress zu sein, und den vermeintlichen Eindruck hinterlassen, sie seien wichtig und bedeutend, sei an dieser Stelle einmal gesagt: Hektischen Menschen traut niemand zu, dass sie die Lage im Griff haben, dass sie wissen, was sie sagen und tun. Denn vor lauter Hektik kann es sein, dass sie schon in ein paar Minuten selbst nicht mehr wissen, was sie gesagt oder getan haben. Hektische Menschen agieren und argumentieren meist ohne Überlegung und Ziel.
Natürlich verlangt kein Mensch von Ihnen, dass Sie ab sofort nur noch in Trance herumlaufen und mit einem tiefen »Ohhmmm« in sich versunken so voller Ruhe sind, dass Sie dieser Welt bereits weit entrückt scheinen. Das ist allenfalls etwas für einen Mönch oder Eremiten. Als grundsätzlich in sich

ruhender Mensch, der seinen Weg kennt, wird Ihnen auch eine gehörige Portion Hektik und Alltagsstress nichts ausmachen. Ganz im Gegenteil: Diese »Action« beflügelt Sie sogar noch und lässt Sie nach getaner Arbeit wieder in die wohltuende Ruhe (für Sie selbst und andere) zurückkehren. Sind Sie allerdings schon ein Hektiker, dann wird es von Jahr zu Jahr, von Tag zu Tag schlimmer. Nie kommen Sie zur Ruhe und Sie machen neben sich selbst auch die Menschen in Ihrem Umfeld mit der Zeit verrückt. Kein Mensch sucht dann das Gespräch mit Ihnen, wohl wissend, dass Sie sowieso keine Zeit dafür haben und auch keinen Rat wissen. Doch Sie können an Ihrer inneren Ruhe arbeiten, um dadurch auch Charisma zu entwickeln. Kommen Sie zur Ruhe. Nutzen Sie Auszeiten. Schaffen Sie sich Zeitfenster. Sie werden merken, dass Sie vieles nach einer Überlegungs- und Planungsphase in viel kürzerer Zeit erledigen und auch dadurch wieder etwas Zeit gewinnen.

Körpersprache

Noch bevor ein Baby die ersten Worte verstehen und aussprechen kann, besitzt es eine Vielzahl an körpersprachlichen Signalen, das es aussenden und empfangen kann. Das Lächeln eines Kindes, seine ausgestreckten Ärmchen und ein fröhliches Strampeln zeigen uns, was das Baby empfindet. Wenn das Kind ein paar Jahre später von der Schule nach Hause kommt, wird die Mutter bereits am Gesichtsausdruck erkennen, ob der Tag gut gelaufen ist oder nicht. Achten Sie einmal auf die Körpersprache Ihrer Gesprächspartner. Denn auch bei Erwachsenen verraten Haltung und Gestik viel von dem, was nicht mit Worten gesagt wird. Marcel Marceau (* 1923), französischer Pantomime und Meister der Körpersprache, drückt es sogar noch etwas dramatischer aus: »Die Sprache ist natürlich im ersten Moment immer ein Hindernis für die Verständigung.«

Nonverbale Kommunikation

Es gibt prinzipiell zwei Arten, wie Menschen miteinander kommunizieren können: durch (gesprochene/geschriebene) Worte auf der einen Seite oder durch Handlungen auf der anderen Seite. Im verbalen Bereich gibt es eindeutige Formen der Übermittlungsweise: die Sprache oder Schrift persönlich oder am Telefon beziehungsweise per Post, E-Mail, Fax oder SMS. Im nonverbalen Bereich werden als wichtigste Kanäle Ausdrucksweisen verwendet, die auch als Körpersprache bezeichnet werden. Dies sind zum Beispiel Blicke, der Gesichtsausdruck (Mimik), Körperhaltungen oder -bewegungen (Gestik), Berührungen (Taktilität), die räumliche Distanz zum anderen und nichtsprachliche stimmliche Signale (wie Stöhnen, Sprechpausen, Betonungen und Laute wie »hm« oder »äh«).

Durch ihre immense Vielfalt eignet sich die Körpersprache besonders gut für Beziehungsmitteilungen. In ungestörten Kommunikationsabläufen stimmen meist die verbale und die nonverbale Aussage überein. Stehen sie in einem uneindeutigen Verhältnis zueinander oder widersprechen sie sich sogar, wird meistens der nonverbale Aspekt als der entscheidende angesehen (wenn zum Beispiel jemand mit niedergeschlagener Miene sagt, es gehe ihm ausgezeichnet, oder ein anderer strahlend mitteilt, seine Probleme wüchsen ihm über den Kopf). Der Grund dafür ist, dass die nonverbalen Zeichensysteme artgeschichtlich sehr alt sind und damit eine weitaus größere Gültigkeit haben als die junge und abstrakte sprachliche Kommunikationsform. Experten sind sich einig, dass rund 70 Prozent bis 90 Prozent einer Information nonverbal vermittelt werden. Das heißt, dass das, was gesagt wird, bei weitem nicht so entscheidend ist wie das, wie Sie das Gesagte mit Gestik, Mimik und Körpersprache unterstreichen. Sigmund Freud bestätigt dies: »Wer Augen hat zu sehen und Ohren hat zu hören, überzeugt sich, dass die Sterblichen kein Geheimnis verbergen können. Wessen Lippen schweigen, der schwätzt mit den Fingerspitzen; aus allen Poren dringt Verrat.« Offenbar können wir durch unsere Körpersprache mehr ausdrücken als alleine mit Worten. Oder besser gesagt: Unser Körper drückt einfach mehr aus als das, was wir sagen. Er verrät negative wie positive Gefühle und zeigt so, ob wir mit dem, was wir sagen und wie wir es sagen, ein stimmiges Bild vermitteln.

Das stimmige Bild

Die Körpersprache birgt ebenso viele Geheimnisse wie nachvollziehbare Tatsachen. Je nach Kulturkreis kann ein Gesichtsausdruck oder eine Gestik etwas vollkommen anderes bedeutet. Waren Sie schon einmal in Griechenland? Dann ist für Sie sicher nicht mehr selbstverständlich, dass ein Kopfnicken Ja und das Schütteln mit dem Kopf Nein bedeutet. Was für uns selbstverständlich ist, ist in Griechenland genau umgekehrt. Mimik, Gestik und Körperhaltung verraten, ob wir selbstbewusst oder ängstlich sind, die Wahrheit sagen oder lügen. In Bruchteilen von Sekunden nehmen wir mehr unbewusst als bewusst die Ausstrahlung eines Menschen wahr. Natürlich hören wir, was unser Gegenüber sagt. Ob es allerdings als richtig oder falsch, als Wahrheit oder Lüge aufgenommen wird, darüber entscheidet oft die Wahrnehmung der Körpersprache. Diese lässt sich nämlich nur bedingt steuern. Natürlich können Sie jemanden anlügen und ihm doch mit einem offenen Blick in die Augen schauen. Treten Sie dabei jedoch etwas nervös auf der Stelle oder spielen mit Ihren Händen vielleicht am Verschluss der Jacke, wird das Unterbewusstsein Ihres Gesprächspartners merken, dass hier irgendetwas nicht stimmt. Oft lässt sich dieses Gefühl nicht genauer in Worte fassen. Wir haben einfach den Eindruck, dass etwas nicht zusammenpasst. Worte und Gesten beziehungsweise Mimik ergeben kein stimmiges Bild.

»Ihr sind die Gesichtszüge entglitten« – dieses geflügelte Wort drückt sehr genau aus, welche Bereiche der Körpersprache wir nur bedingt steuern können. Sie können lernen, die Gestik zu steuern. In Rhetorik-Trainings wird geschult, wie man durch Gestik Worte geschickt unterstreicht, wie man durch kontrollierte Gesten mit den Händen und einem festen

Standpunkt Ruhe, Sicherheit und Souveränität vermittelt. Auf die Mimik allerdings haben wir weitaus weniger Einfluss. Zwar gelingt es geschulten Kartenspielern, ein Pokerface aufzusetzen, allerdings nützt dies in Gesprächssituationen nur wenig. Ganz im Gegenteil! Gefühle lassen sich nur schwer unterdrücken. Begeisterung und Freude ist genauso schnell am Gesicht abzulesen wie Verzweiflung und Trauer.

Die Haltung macht's

Körpersprache umfasst nicht nur Mimik und Gestik, sondern auch den Gang und die gesamte Haltung. Wenn auch die alten Aufforderungen »Halte dich aufrecht, mein Sohn!« nicht mehr up to date ist und der Aufruf »Schultern zurück, Brust raus, Blick geradeaus!« mehr nach militärischem Drill klingt, etwas Wahres ist schon daran. Denn die Körperhaltung verrät, ob ein Mensch selbstsicher oder eher schüchtern ist. Natürliche Autorität zeigt sich durch eine offene Körperhaltung. Ist die Haltung zu steif, wirkt der ganze Mensch unflexibel, nicht nur in der Haltung, sondern auch im Denken.

Bereits in den Kindertagen lernen wir zu sprechen und spätestens mit Schulbeginn startet auch das Lesen und Schreiben. Bei der Deutung der Körpersprache sind wir allerdings auf unsere Instinkte angewiesen. Und dazu gehört eine große Portion Einfühlungsvermögen. Haben wir dieses, können wir einen direkten Zugang zu anderen Menschen finden. Wir verstehen unsere Gesprächspartner besser, können auf diese eingehen und damit manche Gesprächssituation besser bewerkstelligen oder sogar Missverständnisse vermeiden. Vielleicht setzen Sie sich einfach einmal an einem schönen Sommertag ins Café und beobachten die Menschen, die dort vorübergehen. Wie verhalten sich Verliebte? Wie sprechen deren Körper zueinander? Passt die Beziehung oder geben Sie ihr keine Zukunft? Wie passen bei den Menschen Mimik und Gestik beziehungsweise Haltung zueinander? Eine Person mit einem freudestrahlenden Lächeln wird kaum gebückt durch die Gegend laufen. Wie verhalten sich Menschen in einer Gruppe zueinander? Und wenn uns jemand etwas anbietet, passt auch die Gestik dazu? Besonders glaubwürdig wirkt es nicht, wenn Ihnen jemand erzählt, dass er gerne behilflich ist und zugleich die Arme fest verschränkt vor dem Körper hält. Bietet er Ihnen diese Hilfe allerdings mit offenen Armen und einem freundlichen Lächeln (der Augen und des Mundes) an, greifen Sie zu …

Von Momenten und der eigenen Persönlichkeit

Natürlich reagieren wir je nach Tagesform auch unterschiedlich auf verschiedene Ereignisse. Dies gilt auch für die Körpersprache. Samy Molcho, der anerkannte Spezialist für Körpersprache, betont, dass es einen Unterschied gibt zwischen momentanen Ausdrucksformen einer situationsbedingten Emotion und einer steten Haltung oder Gestik, die der Persönlichkeit entspricht. Menschen mit einem lebhaften Wesen präsentieren sich lebhaft. Eine etwas ausdrucksstärkere Gestik ist da ganz natürlich. Ist ein Mensch dagegen eher ein ruhigerer Typ, wird auch seine Gestik ruhiger ausfallen. Deshalb gibt es auch nichts Schlimmeres, als wenn in Rhetorikschulungen alle Menschen über einen Kamm geschert werden und jedem eine 08/15-Gestik verpasst wird. Bleiben Sie authentisch, denn nur dann wirken Ihre Gestik und die Haltung auch stimmig. Eine ganz einfache und doch immer wieder wirkungsvolle Übung, um die Bedeutung der Körpersprache am eigenen Leib zu erfahren, ist folgende: Setzen Sie sich einmal mit rundem Rücken, hängenden Schultern und traurigem Gesicht hin, starren zu Boden, schütteln verzweifelt den Kopf und sagen zu sich selbst: »Das ist ein schöner Tag. Es geht mir heute so richtig gut!« Und umgekehrt: Stellen Sie sich einmal hin, richten sich körperlich auf, strahlen von einem Ohr zum anderen, blicken voller Zuversicht und sagen: »Das Leben ist ungerecht. Mir geht es heute so richtig schlecht!« Sie werden selbst merken, dass beides nahezu unmöglich ist. Ihre eigene Körpersprache zeigt (zumindest in Nuancen) auf, wie es Ihnen geht, auch wenn Sie manchmal versuchen, mit Ihrer Sprache etwas anderes auszudrücken. Fachleute sprechen von Kongruenz zwischen mentalem Zustand und körpersprachlichem Ausdruck.

Die beste Schule für Körpersprache ist übrigens, einfach Menschen zu beobachten. Setzen Sie sich in das Foyer eines großen Hotels, gehen Sie zum Bahnhof oder Flughafen oder an einem Sonntagnachmittag einfach mal in einen belebten Park. Nirgends können Sie besser studieren, wie Körpersprache unbewusst wirkt. Da Sie in den meisten Fällen die Gespräche, sofern vorhanden, gar nicht hören, können Sie sich dort voll und ganz auf den Ausdruck des Körpers konzentrieren.

Sie sind ein Magnet

Haben Sie sich schon einmal überlegt, in welchem Umfeld Sie leben, welche Menschen Sie umgeben? Ein Sprichwort sagt: Ein Chef hat immer die Mitarbeiter, die er verdient. Haben Sie das Umfeld, das Sie verdienen? Sie sind ein Magnet und ziehen das an, was Sie ausstrahlen. Und was Sie ausstrahlen, sind Ihre Gedanken. Sind Sie traurig, sind auch die Menschen um Sie herum traurig. Sind Sie aggressiv, werden Sie auch in Ihrem Umfeld viel Aggressivität erleben. Natürlich gilt dieses Gesetz der Anziehungskraft auch bei Gesprächen. Sprechen Sie aggressiv, brauchen Sie sich nicht zu wundern, wenn auch Ihr Gesprächspartner aggressiv(er) reagiert. Sprechen Sie mit einer angenehm ruhigen Stimme, wird auch Ihr Gesprächspartner sich auf diesen Level einschwingen (egal wie angriffslustig er vielleicht zu Beginn des Gesprächs war!).

Charismatische Menschen wirken tatsächlich wie ein Magnet auf andere Menschen. Sie ziehen diese in ihren Bann und haben deren ungeteilte Aufmerksamkeit. Umgekehrt wirken auch Menschen ohne Charisma, mit einer eher negativen Aura, wie ein Magnet. Allerdings passen hier die Pole nicht so gut zusammen, sondern stoßen sich gegenseitig ab.

Die Welt der Gedanken

In der Welt der Gedanken zieht Positives eher Positives an und Negatives eher Negatives. Überlegen Sie sich also ganz genau, mit was und wem Sie sich umgeben. Welche Themen bevorzugen Sie? Lesen Sie gerne Liebesromane? Beschäftigen Sie sich mit den wirklich schönen Dingen des Lebens? Oder sehen Sie lieber die Nachrichten mit all ihren Katastrophen, Unfällen und Problemen? Welche Menschen haben Sie in Ihrem Umfeld? Eher Menschen, die Sie unterstützen, oder solche, die Sie auf Ihrem Weg bremsen? Umgeben Sie sich ganz bewusst mit Dingen, die Ihnen ein gutes Gefühl geben, und mit Menschen, die Sie vorwärts bringen und Ihnen die Sicherheit vermitteln, dass sie in allen Lebenslagen zu Ihnen stehen und Sie unterstützen, wann immer Sie Zuspruch oder Hilfe benötigen.

Von der Ruhe zur Leidenschaft

Ruhe ist im Zusammenhang mit Charisma ein entscheidender Erfolgsfaktor, keine Frage. Allerdings kann auch etwas Leidenschaft nichts schaden, wenn Sie ein Magnet werden wollen. Wenn wir mit Leidenschaft bei der Sache sind, dann ist der Erfolg nur noch einen Millimeter entfernt. Leidenschaft bedeutet Ansporn, Spaß und Enthusiasmus gleichzeitig. Leidenschaft erzeugen wir zum Beispiel dann, wenn wir voll und ganz von dem überzeugt sind, was wir kommunizieren. Dann überträgt sich unsere Begeisterung auf unsere Gesprächspartner. Mihaly Csikszentmihalyi spricht auch vom »Flow« – dem besonderen Glücksgefühl, das ein Mensch empfindet, wenn er voll und ganz in seinem Schaffen aufgeht, wenn er kreativ ist, etwas Besonderes leistet, sichtbare Erfolge seiner Arbeit erzielt. Wenn Sie also grundsätzlich davon überzeugt sind, dass der, der Sie sind, gut ist (mit all Ihren Macken und Schwächen, aber auch Stärken), und das, was Sie machen, in bester Absicht geschieht, dann strahlen Sie diese innere Sicherheit auch aus. Die innere Ruhe verbunden mit der Leidenschaft bewirkt nicht nur, dass Sie selbst motiviert ans Werk gehen, sondern auch, dass andere Menschen, mit denen Sie sprechen, voll und ganz hinter Ihnen und der Sache stehen.

Motivation ist der Ansporn des Menschen, etwas zu tun. Aus diesem Grund ist die Motivation der Motor des Erfolgs. Zu den Hauptaufgaben einer Führungskraft gehört daher, ihre Mitarbeiter zu motivieren. Doch wie schaffen wir das? Die zwei wichtigsten Faktoren sind die Transparenz und die offene Kommunikation. Die Mitarbeiter müssen wissen, an welchem Ziel sie mitarbeiten (sollen). Und es gibt nichts Schlimmeres, als hinter vorgehaltener Hand oder, noch schlimmer, aus der Zeitung zu erfahren, dass ein Mitarbeiterabbau geplant ist. Unternehmer und Führungskräfte müssen also mit ihren Mitarbeitern sprechen. Ob es um ein nettes »Guten Morgen«, eine erfreuliche Gehaltserhöhung oder eine kritische Situation geht – Kommunikation ist das Bindeglied zwischen Menschen, das wir intensiver nutzen sollten.

Maximale Wirkung erzielen

Wir haben festgestellt, dass sich Charisma erlernen lässt, dass Menschen es schaffen können, ihre Ausstrahlungskraft auf- und auszubauen. Wenn Sie konsequent üben, wird Ihr Umfeld Sie anders wahrnehmen und eine völlig neue Aura spüren. Diese charismatische Ausstrahlung ist ein Geheimnis vieler talentierter Kommunikatoren. Sie haben bereits durch ihr bloßes Dasein so viel ausgedrückt, dass die verbale Kommunikation nur noch ein Bruchteil ist, sozusagen eine Draufgabe. Wir haben erfahren, dass Charisma auf der einen Seite so viel Bedeutung hat, auf der anderen Seite jedoch keiner genau definieren kann, was Charisma eigentlich genau ausmacht. Es gibt keine Strichliste zum Abhaken, aber es gibt viele kleine Bereiche, an denen Sie arbeiten können. Charisma ist dieses undefinierbare Etwas, das Ihren Worten mehr Gewicht verleiht. Es ist auch eine physische Wärme, die Sie ausstrahlen und auf andere übertragen. Und erst dann entfalten Ihre Worte die maximale Wirkung.

Die drei wichtigsten Aspekte für mich/mein Umsetzungsplan

1.

2.

3.

Folgende Ideen werde ich umsetzen:

Noch heute

Morgen

In der nächsten Woche

Kapitel 6: Emotionale Dickhäutigkeit

Manchmal kochen in einem Gespräch die Emotionen über. Die Gesprächspartner beschimpfen sich, die Situation eskaliert. Sie können noch so viel üben und trainieren. Es wird immer wieder Situationen geben, bei denen Sie mit Ihrer Weisheit am Ende sind, bei denen Sie das ganze gelernte Wissen nicht anwenden können und Ihnen die in Trainingssituationen geübte Technik nichts nützt. Sie werden immer wieder auf Menschen treffen, die gewisse Spielregeln des fairen Umgangs miteinander nicht berücksichtigen, die Sie angreifen, vielleicht sogar persönlich. Immer nur lächeln ist da ein gut gemeinter Rat, dessen Anwendung in der Realität meistens sehr schwer fällt. Sie können und sollen Emotionen, die Sie bei Gesprächen spüren, nicht einfach leugnen. Sie sind da und das ist auch gut so. Ansonsten wären Sie eine Maschine, die nur nach Plan (re)agiert.

Viele schlagfertige Menschen schaffen es jedoch, auch in schwierigen Kommunikationssituationen nicht die Kontrolle über sich zu verlieren. Ein Panzer, eine Art emotionale Dickhäutigkeit, hilft ihnen dabei, auch in Angriffssituationen gelassen zu reagieren. Wie sie das genau machen, zeigt Ihnen dieses Kapitel.

Zeigen Sie Stärke!

Stellen Sie sich vor, Sie sind ein Fels in der Brandung. Egal wie hoch die Wellen auch schlagen, egal wie der Sturm peitscht – Sie stehen einfach nur da. Das Wasser prallt ab, der Sturm kann Sie keinen einzigen Zentimeter verschieben. Natürlich wird über viele Jahre und Jahrzehnte die Witterung Ihnen so einige Kerben verschaffen und den einen oder anderen Riss tiefer werden lassen, aber Ihrer Schönheit und Erhabenheit tut dies keinen Abbruch. So ähnlich könnten Sie sich auch in Angriffssituationen fühlen. Wenn ein Gesprächspartner Ihnen vielleicht etwas »an den Fels« wirft, Wellen produziert und bläst, dass der Wind Ihnen nur so um die Ohren pfeift … bleiben Sie der Fels in der Brandung. Gestehen Sie sich zu, dass Sie ein paar Fältchen davontragen. Am liebsten natürlich jene, die entstehen, weil Sie darüber nur schmunzeln können. Zeigen Sie (innere) Stärke. Souverän werden Sie viele Situationen überstehen und als stiller Sieger daraus hervorgehen – jedes Mal ein Stückchen weiser im Umgang mit Menschen und reifer im Kommunikationsverhalten.
Ein alter volkstümlicher Spruch lautet: »Was juckt es die deutsche Eiche, wenn sich ein Wildschwein an ihr wetzt?« Denken Sie über diesen Spruch nach. Auch so können Sie sich fühlen. Ob Fels in der Brandung oder deutsche Eiche – zeigen Sie Stärke! Geben Sie nicht immer gleich nach, aber lassen Sie sich auch nicht auf jeden Kampf ein, wenn Ihnen jemand den Fehdehandschuh vor die Füße wirft. Sich zu duellieren macht mit Wasserpistolen (= intelligente Schlagfertigkeit) vielleicht noch Spaß, mit scharfen Waffen (kontern um jeden Preis) und einem »tödlichen« Ausgang, zumindest auf einer Seite, ist es weniger lustig.

Selbstsicher auftreten

Natürlich gibt es Situationen, in denen Sie Kritik einstecken müssen: Fälle, in denen Sie Fehler machen, Rechenschaft ablegen müssen und die Konsequenzen tragen. Die beiden Autoren Jürgen Hesse und Hans Christian Schrader stellen in ihrem Buch *Marketing in eigener Sache* die »Grundrechte« im Berufsleben vor. Sie schreiben: »Sie haben ein Recht darauf,

- nicht ignoriert oder ausgenutzt zu werden.
- Fehler zu machen.
- für das respektiert zu werden, was Sie sind und glauben.
- Wünsche äußern zu dürfen und eigene Entscheidungen zu treffen.
- gerecht beurteilt zu werden.
- zu entscheiden, ob Sie anderen helfen wollen.
- dass Sie sich wohl fühlen.»

Sollte jemand diese Rechte verletzen, dann melden Sie sich zu Wort. Denn emotionale Dickhäutigkeit bedeutet nicht, immer stillzuhalten. Natürlich müssen Sie sich wehren, wenn Ihre Rechte verletzt werden, besonders Ihre persönlichen und menschlichen. Die Frage ist nur, mit welcher Methode. Entweder Sie kontern intelligent oder Sie sprechen zumindest klar und deutlich Ihre Rechte an. Hesse/Schrader empfehlen dies, indem Sie sich »angemessen zu Wort melden«:

- »Ich finde Ihre Bemerkung sehr verletzend und möchte Sie bitten, die Angelegenheit noch einmal zu überdenken.«
- Oder: »Geben Sie mir etwas Zeit, um meine Sicht der Dinge darzustellen.«
- Oder: »Diese Entscheidung kann ich so nicht akzeptieren. Ich sehe das Ganze aus einem anderen Blickwinkel. Bitte hören Sie sich meine Argumente an.«

Persönlichkeit ist das A und O und entscheidet über den Erfolg mehr als nur das Fachwissen und Abschlüsse. Behalten Sie also auch die Zügel in kommunikativer Hinsicht in der Hand. Ziehen Sie ebenso klar und diszipliniert wie auch freundlich Grenzen und zeigen Sie Ihrem Gesprächspartner durch Ruhe und Selbstbewusstsein, dass Sie eigenen Fehlern wie denen der anderen (und seien es nur ungerechtfertigte und unsachgemäße Angriffe) stark und souverän begegnen.

Schätzen Sie Situationen richtig ein!

Jeder Mensch reagiert einmal intensiver, als er eigentlich wollte. Das hängt von der Tagesform genauso ab wie von der des Gesprächspartners. Doch eine alte Weisheit sagt: »Nichts wird so heiß gegessen, wie es gekocht wird«, das heißt, Sie sollten Situationen richtig einschätzen. Handelt es sich um Kleinigkeiten, lohnt es sich doch nicht, zerschlagenes Porzellan und kaputte Beziehungen zu hinterlassen. Scharfe Worte können innerhalb kürzester Zeit viel kaputtmachen. Natürlich müssen Dinge, die falsch gelaufen sind, angesprochen werden. Die Frage ist nur, ob es wirklich jede Situation rechtfertigt, einen Streit vom Zaun zu brechen, und jeder »spitze Kommentar« gleich ein Feuerwerk an Konter verlangt. Nicht immer lohnt es sich, Recht zu behalten oder zu bekommen. Achten Sie auf den Sachverhalt und überlegen Sie bei jedem Konter, ob das, worum es geht, wichtig genug ist.

Als ob Sie in einem Film wären – die Macht der Dissoziation

Dissoziation kommt aus dem Lateinischen und bedeutet so viel wie Zerfall, Spaltung. In der Physik beziehungsweise Chemie bedeutet Dissoziation die Aufspaltung von Molekülen in einfachere Bestandteile. In der Psychologie versteht man unter Dissoziation im engeren Sinne einen Prozess, in dem zusammengehörige Denkvorgänge oder Handlungsabläufe in Einzelheiten zerfallen.

Denken Sie mal an Ihre innere Vorstellungskraft und welche Macht diese hat. Wenn bislang Gespräche für Sie immer mit einem negativen Ausgang oder Angriffe mit einem persönlichen Streit endeten, wie sollen Sie eine positive Assoziation zu dem Thema haben? Hat dagegen ein anderer zweimal in seinem Leben intelligent schlagfertig reagiert, wird er eher positiv darüber denken und sagen: »Gekonnt kontern, das ist doch das Leichteste auf der Welt!« Er wird offen in Gespräche gehen und in kritischen Situationen locker bleiben.

Je nach persönlicher Erfahrung oder dem, was andere Ihnen erzählt haben, stufen Sie also Situationen als einfach oder schwierig ein. Machen Sie sich an dieser Stelle bitte einmal bewusst, dass dies eine rein individuelle Einschätzung Ihrer Person ist. Es gibt auch andere Sichtweisen und vielleicht versuchen Sie das nächste Mal, die Technik der Dissoziation anzuwenden.

Die folgende Übung sollten Sie am besten mit einer Person Ihres Vertrauens durchführen. Ziel dieser Übung ist die Auflösung der Zwangsverkettung zwischen einem meistens als negativ empfundenen Erlebnis und den damit verbundenen Empfindungen (Panik, Phobie, Angst). Die Anweisungen richten sich an die zweite Person, die diese Übung mit Ihnen durchführt.

15 Schritte zur Entspannung in Redesituationen

1. Suchen Sie sich mit Ihrem Übungspartner einen ruhigen Ort aus, der ihn zur Entspannung einlädt.
2. Lassen Sie Ihren Übungspartner sich an eine sehr positive Situation erinnern und bringen sie ihn durch Ihre verstärkenden Worte dazu, an die positiven Seiten dieser Situation zu denken.
3. Lassen Sie Ihren Übungspartner die Augen schließen, wenn er will.
4. Lassen Sie Ihren Übungspartner sich an seine größte Angst (oder jede andere Phobie) erinnern.
5. Lassen Sie Ihren Übungspartner in seiner Phantasie in sein eigenes »Kino« gehen und sich dort einen Platz aussuchen und hinsetzen (erste Dissoziation). Begleiten Sie ihn mit sanften Worten.

6. Lassen Sie Ihren Übungspartner aus sich heraus und auf einen Balkonplatz schweben. Bei der folgenden Vorführung wird er sich auf der Leinwand sehen können (zweite Dissoziation).
7. Der Übungspartner projiziert den **Anfang** seiner größten Angst – zum Beispiel bezogen auf Redesituationen – als **Farbbild** auf die Leinwand. Dann wird aus dem farbigen **Bild** ein **Film**, der **vorwärts läuft** durch das gesamte Erlebnis bis zum **Schluss**. (Begleiten Sie Ihren Übungspartner weiterhin mit sanften Worten.)
8. Am Ende hält der **Film** an und wird zu einem **farbigen Bild**.
9. Aus dem **farbigen Bild** wird ein **Schwarz-Weiß-Bild.**
10. Ihr Übungspartner steigt in dieses **Schwarz-Weiß-Bild** hinein (Reassoziierung).
11. Aus dem **Schwarz-Weiß-Bild** wird ein **Schwarz-Weiß-Film**, der rückwärts und mit dreifacher Geschwindigkeit (oder schneller) bis zum Anfang läuft. (Sie begleiten Ihren Übungspartner stets durch ihre einfühlsamen Worte.)
12. Ihr Übungspartner steigt aus der Leinwand, setzt sich auf seinen Platz, die Leinwand wird weiß, das Licht geht an.
13. Sollte es nötig sein, können Sie das Ganze so oft wiederholen, bis die phobischen Reaktionen in Bezug auf eine Redesituation oder eine andere Situation verschwinden.
14. Leiten Sie durch Ihre einfühlsamen Worte Ihren Übungspartner in die Zukunft hinein und bitten Sie ihn sich vorzustellen, welche positiven Auswirkungen dieser neue Zustand haben wird. Lassen Sie ihn in seiner Fantasie das neue Verhalten in zukünftigen und ähnlichen Situationen erleben. Bringen Sie ihn durch Ihre Worte dazu, dieses Zukunftserlebnis zu intensivieren und zu verankern.
15. Ihr Übungspartner kann jetzt die Augen langsam öffnen.

Während der ganzen Übung können Sie sprachlich improvisieren und Ihren Übungspartner auf die positiven Aspekte dieser Veränderung hinweisen. Vermitteln Sie ihm, dass kein Zustand endgültig, sondern jeder Zustand veränderbar ist. Lassen Sie Ihrer sprachlichen Fantasie freien Lauf. Wenn es für Sie und Ihren Übungspartner einfacher ist, können Sie gerne Entspannungsmelodien im Hintergrund hören. In vielen Fällen erleichtert es die Übung. Viel Erfolg!

Sicher haben Sie bereits beim Lesen eine Vorstellung davon erhalten, wie sich negativ besetzte Vorstellungen von bestimmten Situationen, ob in Gesprächen oder generell, verändern lassen. Die Macht der Dissoziation ist enorm und kann Ihnen in vielen Situationen helfen, genau die Gesprächsergebnisse und -erfolge zu erzielen, die Sie gerne haben wollen und vielleicht schon seit längerem anstreben. Spätestens wenn Sie obige Übung einmal selbst oder mit einer Person Ihres Vertrauens durchführen, werden Sie erleben, was machbar ist und was Sie selbst nur durch einen anderen Film, der innerlich abläuft, verändern können. Vielleicht helfen Ihnen dabei auch Ihre langfristigen Ziele, mit denen Sie sich in folgendem Abschnitt beschäftigen.

Lassen Sie sich von Ihren langfristigen Zielen leiten

Ziele sind etwas Wunderbares im Leben. Sie weisen uns den Weg, erfüllen Wünsche und lassen Träume Realität werden. Ziele zwingen uns, zielgerichtet kommunizieren. Fokussieren Sie oder lassen Sie sich eher treiben und schauen, was die Zeit so bringt? Dann kommunizieren Sie meistens auch nur vage und benutzen sicher öfter das Wörtchen »vielleicht«. Wenn Sie Aufgaben gezielt planen, konzentriert angehen und engagiert durchführen, dann kommunizieren Sie diese auch in dieser Form, und zwar sowohl sich selbst gegenüber als auch im

Gespräch mit anderen! Und Sie strahlen die Zuversicht aus, dass Sie Ihre Ziele verwirklichen werden – egal was auf dem Weg für Hindernisse (auch in Form von verbalen Attacken) auf Sie warten.

Wie aber können Ziele Ihnen bei einem verbalen Angriff helfen? Vielleicht kochen Sie in diesem Moment innerlich vor Wut, könnten Ihrem Gesprächspartner an die »Gurgel gehen« und sehen einfach keine Chance, diese Emotionen nicht auch verbal auszudrücken. Denn dass Sie es körperlich tun, davon gehe ich nicht aus! Alles, was die Situation noch mehr anheizen könnte, ist tabu. Greifen Sie Ihren Gesprächspartner also in keinem Fall an, weder verbal noch nonverbal. Verteidigen Sie sich auch nicht, weil das einem Angriff gleichkommt. Eine viel effektivere Methode ist die Änderung des mentalen Fokus: Konzentrieren Sie sich einfach nicht auf das, was Ihr Angreifer gerade zu Ihnen gesagt hat, sondern zum Beispiel auf eine Frage, die Sie ihm gleich stellen werden. Es ist in der Kommunikation wie auf einer Autobahn: Wenn Sie merken, dass Sie der Leitplanke gefährlich nahe kommen, dann dürfen Sie auch nicht weiter auf die Leitplanke starren, sondern müssen Ihren Blick nach vorne richten – genau da, wo Sie hinwollen. Und im Gespräch gibt es immer einen mentalen Ort, an den Sie gelangen wollen: Ihr Gesprächsziel, das Sie sich gesetzt haben, oder Ihr Ziel über dieses eine Gespräch hinaus. Diese Zielorientierung macht Sie bei Angriffen gelassener.

»Ziele sind Wünsche mit Termin«

Dr. Cay von Fournier, Inhaber und Geschäftsführer des Zeitplansystemanbieters Schmidt Colleg, bestätigt in seinem Buch *LebensStrategie* die Bedeutung von Zielen: »Die beiden wichtigsten Unterschiede zwischen einem Wunsch und einem Ziel sind die Schriftlichkeit (damit auch Planbarkeit) und die zeitliche Verbindlichkeit.« Damit sich Ziele zeitlich einordnen lassen, hat er das Modell der sieben Horizonte entwickelt:

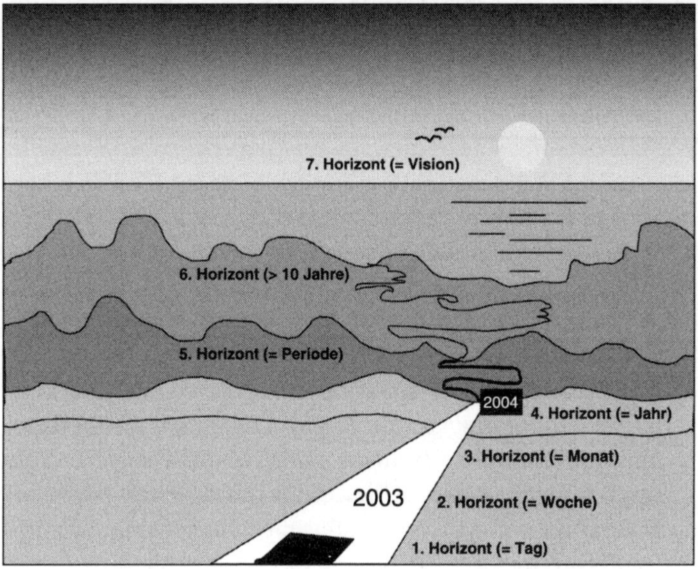

Abdruck mit freundlicher Genehmigung von Dr. Cay von Fournier

Dazu nochmals Dr. Cay von Fournier: »Ordnung in unserem Kopf erreichen wir durch unsere Ziele, und Ordnung in unseren Zielen durch die hier aufgezeigten Horizonte der zeitlichen Einteilung. Betrachten wir diese Ziele unseres Lebens als Horizonte, so ergeben sich verschiedene Distanzen (Zeiträume), auf die wir blicken.«

- **1. Horizont = 1 Tag:** All das, was wir jeden Tag auf unserem Schreibtisch sehen (Tagesziele) und erledigen möchten, ganz gleich ob beruflich oder privat.
- **2. Horizont = 1 Woche:** Die Ziele, die wir in einer Woche erreichen können (Wochenziele).
- **3. Horizont = 1 Monat:** Alle Ziele, die wir uns für einen Monat vorgenommen haben (Monatsziele).
- **4. Horizont = 1 Jahr:** Ein Jahr gibt uns einen guten Zeitraum, Ziele zu planen (Jahresziele).

- **5. Horizont = 7 Jahre:** Der 5. Horizont beschreibt unsere mittelfristigen Ziele in unserem Leben, die in einer Periode (7 Jahre) erreicht werden können (Periodenziele).
- **6. Horizont = 21 Jahre:** Unsere langfristigen Ziele, die in einem Lebensabschnitt (Kindheit, Jugend, Reife, Alter) liegen, können entsprechend geplant werden. Dieser Horizont entspricht drei Perioden (siehe 5. Horizont).
- **7. Horizont = Lebensziel und Lebensvision:** Dort, wo wir am Ende unseres Lebens ankommen wollen, ist unser 7. Horizont. Er ist als einziger etwas ungewiss, denn er entspricht unserer Lebensvision. Eine Vision soll eine große Ausstrahlung haben und wir sollten mutig sein, diese auch groß zu formulieren. Unsere Lebensvision ist eine Kombination aus Idealismus und Herausforderung, aus zeitlich erreichbaren und vielleicht auch unerreichbaren Werten.

Die 7 Horizonte beschreiben dabei die Zeiträume unserer Ziele auf dem Weg durchs Leben. Mit der Beschreibung des 7. bis 5. Horizonts beantworten wir die strategische Frage, ob wir das richtige Leben leben. Die regelmäßige Formulierung des 4. bis 1. Horizonts beantwortet die zweite strategische Frage, ob wir das Leben richtig leben. Ich möchte an dieser Stelle noch ergänzen: Wenn wir das richtige Leben richtig leben, dann kommunizieren wir auch richtig, weil wir davon überzeugt sind, dass das, was wir tun, denken und initiieren, richtig ist. Bedenken Sie dabei jedoch auch, dass Ihre Gesprächspartner vielleicht ebenso fest von ihrem Leben überzeugt sind und sich dadurch zwangsläufig kommunikative Spannungen ergeben. Die berechtigte Frage ist nur, ob und wie wir dann mit diesen Spannungen umgehen.

Zeigen Sie die Zähne – indem Sie lächeln!

Schon Babys merken sehr früh, dass Lächeln das beste Mittel ist, um Menschen für sich zu gewinnen. Und auch wenn die Kinder schon etwas größer sind, beherrschen sie diese Art des »Wind aus den Segeln nehmen« immer noch perfekt. Es kann ein noch so großer Mist passiert sein und Mama und Papa können aus dem Häuschen sein – nichts hilft in dieser Situation mehr, als zu lächeln. Das Lächeln des Sprösslings stimmt die Eltern milde und lässt sie so manchen Streich vergessen. Übernehmen Sie diese Strategie doch einfach, wenn Ihnen unangenehme Zeitgenossen über den Weg laufen. Vielleicht müssen Sie sich mit diesen auch noch unterhalten oder Geschäfte machen. Es wird immer wieder vorkommen, dass Sie nicht nur mit Menschen kommunizieren müssen, die Ihnen auf Anhieb sympathisch sind, auch wenn das natürlich sehr viel angenehmer ist.

Doch machen wir uns nichts vor: Wir befinden uns nicht im Märchen, sondern in der rauen Wirklichkeit des Geschäftslebens und dort weht auch einmal ein kalter, harter Wind. Aber auch hier wirkt die Strategie des »Wind aus den Segeln nehmen« hervorragend. Schenken Sie Ihrem vermeintlichen Gegner doch einfach mal ein Lächeln, denn das ist immer noch die beste Möglichkeit, ihm »die Zähne zu zeigen«.

Vielleicht fällt es Ihnen gar nicht so leicht, einmal zu lächeln? Dann sollten Sie unbedingt üben, damit nicht Sie selbst über kurz oder lang zu einem solchen »Griesgram« werden, dem plötzlich andere nur noch durch ein Lächeln die Zähne zeigen. Wie man Lächeln am besten übt? Na, ganz einfach, indem man es tut. Und wenn Ihnen zu Beginn dieses »Einfach-drauflos-Lächeln« etwas komisch vorkommt und ungewohnt, dann ist das vollkommen okay. Stellen Sie sich vor einen Spiegel und lächeln Sie. Lächeln Sie sich zu, das tut nämlich auch Ihnen gut. Lächeln Sie in sich hinein, dann strahlt dieses Lächeln irgendwann auch wieder aus Ihnen heraus. Lächeln ist Energiequelle und Konter-Möglichkeit zugleich. Schon Charlie Chaplin sagte: »Jeder Tag, an dem Sie nicht lächeln, ist ein verlorener Tag.«

So, kommen wir nun zum Fall X: Sie sprechen mit einem Menschen, den Sie auf Anhieb nicht besonders sympathisch finden, und gleich zu Beginn des Gesprächs merken Sie, dass er sehr angriffslustig ist und sehr spitzzüngige Kommentare abgibt. Dies kann natürlich auch bei einem Menschen passieren, den Sie schon seit längerem kennen und der Sie immer wieder verbal »in der Ecke stehen lässt«. Wenn Sie es bislang immer geschafft haben, dass durch Ihre Worte erst so richtig eine Meinungsverschiedenheit entstanden ist und die Gespräche immer negativ geendet haben, dann gehen Sie zusammen mit mir doch einfach mal einen anderen Weg: Lächeln Sie, zeigen Sie Ihrem Gesprächspartner auf angenehme Art und Weise die Zähne. Sie werden merken, dass etwas Erstaunliches passiert. Wenn Sie sich nicht länger provozieren lassen, wird Ihr »Gegner« bald keinen Sinn mehr darin sehen, Sie »anzustacheln«. Das machen manche Zeitgenossen nämlich gern: Sie wollen provozieren. Sie wollen andere Menschen aus der Reserve locken und freuen sich hinterher wie ein kleines Kind, wenn ihnen das auch gelungen ist.

Nehmen Sie die Sache locker. Was immer auch in Gesprächen passiert, welche »Unverschämtheiten« Sie sich auch anhören müssen – jede Art der Verteidigung und Rechtfertigung erreicht nur das Gegenteil: dass der andere in seiner Aussage bestätigt wird. Dieses Gefühl haben übrigens auch alle anderen, sofern es weitere Gesprächsteilnehmer gibt. Lächeln Sie also lieber einmal öfter und zeigen Sie damit, dass Sie in sich ruhen und souverän mit (ungerechtfertigten) Angriffen umgehen. Mit einem Lächeln nutzen Sie den kürzesten Weg von Mensch zu Mensch. Sie zeigen Ihrem Gesprächspartner dadurch nicht nur die Zähne, sondern reichen ihm dadurch auch die Hand.

Die drei wichtigsten Aspekte für mich/mein Umsetzungsplan

1.

2.

3.

Folgende Ideen werde ich umsetzen:

Noch heute

Morgen

In der nächsten Woche

Kapitel 7: Die Argumentation macht's!

Einen anderen Menschen von etwas zu überzeugen ist nicht immer leicht. Treffen zwei Menschen mit starken Charakteren aufeinander, kann es schnell zum sprachlichen Kampf kommen. Argumente sind das rhetorische Hilfsmittel, einen Gesprächspartner von etwas zu überzeugen. Dieser soll dadurch seine Meinung aufgeben und eine andere Meinung annehmen. Bei aller rhetorischen und argumentatorischen Raffinesse sollte dabei aber auch erkannt werden, dass Menschen nicht immer einer Meinung sein müssen.

Es gibt sicher Fälle, in denen sich einer beugt, obwohl er nicht seine Meinung geändert hat. In einem hierarchischen System ist dies an der Tagesordnung. Argumentieren hingegen zwei gleichberechtigte Menschen, kann es sein, dass beide gute Argumente haben und sich trennen, ohne einen Konsens erreicht zu haben. Die Frage ist nur: Wie gehen sie damit um? Trennen sie sich im Streit, jeder beleidigt und erbost, dass der andere so uneinsichtig ist? Oder sehen sie jedes Gespräch als Übung und schätzen den anderen, weil dieser ja ebenfalls gute Argumente hatte und diese zu artikulieren wusste? Grundsätzlich gilt: Je besser die Vorbereitung auf eine Argumentation, sofern die Zeit dies zulässt, desto größer die Aussicht, nicht nur ein außergewöhnliches Gespräch zu führen, sondern den anderen auch zu überzeugen.

Die Argumentation als Schlüssel zum Erfolg

»Recht haben und Recht bekommen sind zwei paar Stiefel!« Dieser Spruch gilt auch für Gespräche, in denen diskutiert, argumentiert und dadurch versucht wird, den anderen von etwas ganz Bestimmtem zu überzeugen. Ein entscheidender Punkt, an dem Überzeugungsgespräche immer wieder scheitern, ist, dass es der Einzelne nicht schafft, sich in die Rolle des Gesprächspartners hineinzuversetzen. Dabei ist dies einer der Schlüsselfaktoren für eine wirklich überzeugende Argumentation.
Zwei Menschen sprechen über ein Thema, in dem sie offensichtlich nicht einer Meinung sind. Jeder versucht, den anderen zu überzeugen, dass die eigene Meinung doch die einzig wahre und richtige ist. Stopp! Natürlich benötigen Sie eine feste Überzeugung, dass Ihre Meinung richtig ist, sonst treten Sie ja nicht mit dem notwendigen Selbstbewusstsein auf. Allerdings sollte Ihnen bewusst sein, dass es auch noch andere Meinungen gibt und Ihre nicht »die einzig wahre« sein muss. Bleiben Sie offen für die Argumente Ihres Gesprächspartners. Je mehr er das Gefühl hat, dass Sie auch seine Meinung interessiert und Sie seinen Argumenten zumindest aufmerksam zuhören, umso eher ist er bereit, dies bei Ihrer Argumentation zu tun.
Natürlich halten wir unsere Meinung für die richtige und unsere Argumente für bedeutungsvoller. Sicher haben Sie eine ähnliche Situation auch schon einmal erlebt: Sie wollen einen Gesprächspartner von etwas überzeugen und merken, dass dieser sich so gar nicht überzeugen lassen will. Immer wieder legen Sie ihm in unterschiedlichem Wortlaut Ihre Meinung dar. Wenn Sie damit nicht viel erreichen, sollten Sie sich vielleicht einmal fragen, ob dies wirklich die richtige Strategie ist. Wiederholungen machen Argumente nicht besser. Auch wenn Sie Ihrem Gesprächspartner ein Argument sozusagen fünf Mal »um die Ohren hauen«, wird er nicht einfacher zu überzeugen sein. Außer natürlich, er will dieses Argument nur nicht noch

einmal hören und lenkt vordergründig ein. Überzeugt haben Sie ihn dadurch noch lange nicht.
Steigen Sie für einen Moment in die Schuhe Ihres Gesprächspartners. Setzen Sie sich für einen Augenblick auf seinen Stuhl. Überlegen Sie, was ihn antreibt, was er denkt und fühlt und warum er so handelt, wie er handelt. Überlegen Sie, warum er in dieser Form argumentiert. Wenn Sie diesen Perspektivenwechsel schaffen, sind Sie ein gewaltiges Stück weiter gekommen. Im Idealfall und soweit es möglich ist, machen Sie dies bereits vor einem anstehenden Gespräch. Je besser Sie mit der Person und deren Denkweise vertraut sind, umso leichter können Sie Ihre Argumente auch auf diese Sichtweise ausrichten. Natürlich bleiben Sie bei Ihren Argumenten. Es macht jedoch oft schon einen gewaltigen Unterschied aus, wie Sie diese formulieren.

Form-, Struktur- und Inhaltsebene
In der Fachliteratur unterscheidet man zwischen drei Ebenen der Argumentation. Hedwig Kellner führt diese in Ihrem Buch *Rhetorik: Hart verhandeln, erfolgreich argumentieren* auf: die Form-, Struktur- und Inhaltsebene:

Formebene:	Rhetorische Techniken Präsentationstechniken Veranschaulichungen etc.
Strukturebene:	Argumentationsketten Strategische Konzepte Vorgehenskonzepte etc.
Inhaltsebene:	Aussagen und Behauptungen Beweise und Begründungen Fakten und Daten Logische Schlüsse etc.

In der Form- und Strukturebene geht es um das Wie, in der Inhaltsebene, wie das Wort schon sagt, um das Was. Alle drei Bereiche können Sie für eine gute Vorbereitung nutzen. Am besten erstellen Sie sich eine kleine Checkliste, in der Sie den Ablauf des Gesprächs und alles, was Sie dazu benötigen, festhalten. Natürlich wird kein Gespräch dann auch genau nach diesem Schema ablaufen, weil Sie ja nicht wissen, was Ihr Gesprächspartner vorhat. Es hilft Ihnen jedoch dabei, sich – was Form und Inhalt anbelangt – gut vorzubereiten. Und Sie erhalten durch diese gute Vorbereitung eine höhere Selbstsicherheit, die Sie gerade in kritischen Gesprächssituationen Ruhe bewahren lässt. Machen Sie das Ganze schriftlich, das erhöht diese Sicherheit noch einmal immens. Denken Sie nur an die berühmten Spickzettel, die Sie in der Schule für wichtige Arbeiten geschrieben haben. War es nicht meist so, dass Sie dann in der Prüfung gar nicht darauf zu schauen brauchten, weil Sie das, was Sie vorher gut durchdacht und dann in seiner Kernaussage notiert hatten, sowieso wussten? Sie merken schon: Allein dadurch, dass Sie sich im Vorfeld intensiv mit dem Thema auseinander setzen, sind Sie schon in der besseren Lage.
Natürlich werden Sie diese Form der intensiven Vorbereitung nicht für jedes Gespräch betreiben, in dem Sie in die Verlegenheit kommen könnten, eine Argumentation zu führen. Wenn es mit Ihrem Partner darum geht, welchen Film Sie heute abend gemeinsam anschauen oder wohin die nächste Urlaubsreise geht, dann machen Sie das sicher aus dem Effeff. Geht es allerdings um eine Gehaltsverhandlung, ein überaus wichtiges Gespräch mit einem Mitarbeiter/Vorgesetzten wegen mangelnder Leistungsbereitschaft oder der Einführung eines neuen Produkts, das innerhalb des Unternehmens umstritten ist, kann die Vorbereitung gar nicht intensiv genug sein.

Die Formebene

Bei Argumentationen gilt es, keine feste Form zu wahren. Sie können Ihrem Gesprächspartner zum Beispiel schon im Vorfeld wichtige Punkte mitteilen, damit er sich darauf einstellen kann. Oder Sie benutzen lieber das Überraschungsmoment, um an einer besonders geeigneten Stelle des Gesprächs ihr unschlagbares Argument einzubauen. Nutzen Sie nur Ihre rhetorischen Fähigkeiten oder greifen Sie auf besondere Präsentationstechniken zurück? Auch wenn wir uns in diesem Buch mit einem Thema beschäftigen, das sich viel mit Worten und der richtigen Ausdrucksweise auseinander setzt, sagt bei einer Argumentation ein Bild oft mehr aus als 1000 Worte.

Stellen Sie sich nur einmal die Diskussion vor, ob eine Arbeitsschutzmaßnahme nun sinnvoll ist oder nicht. Viele handwerkliche Mitarbeiter meinen immer wieder, manchmal auf Sicherheitsmaßnahmen verzichten zu können. Wenn es schnell gehen muss, wird dann eben mal kein Helm aufgesetzt. Und bei der Hitze Handschuhe tragen! Und überhaupt: Ich mache das Ganze hier doch schon 15 Jahre, was soll da noch passieren? Ich habe doch genügend Routine. Mit noch so schönen Argumenten werden Sie hier nicht viel erreichen. Alle logisch präsentierten Details dringen nicht durch. Denn logischerweise wüssten die Handwerker ja, dass es durchaus sinnvoll ist, die vorgeschriebenen Sicherheitsmaßnahmen zu befolgen. Aber was passiert, wenn Sie Bilder von Unfällen zeigen mit den dramatischen Folgen, die durch fehlende Helme oder Handschuhe entstanden sind? Diese Bilder sprechen nicht den Verstand an, diese Bilder treffen die Männer »mitten ins Herz«. Bilder sind hier die besten Argumente.

Die Strukturebene

Wenn Sie erfolgreich argumentieren wollen, ist die Strukturebene der zentrale Bestandteil. Darin entscheiden Sie, wie Sie Form und Inhalt verknüpfen, und zwar so effektiv, dass Sie am

Ende Ihr Gesprächsziel erreichen. Die Strukturebene umfasst Argumentationsketten, strategische Konzepte und Vorgehenskonzepte. Innerhalb der Strukturebene ist die jeweils verwendete Argumentation der zentrale Bestandteil. Einige mögliche Argumentationsmuster werde ich Ihnen im Anschluss noch näher vorstellen.

Die Inhaltsebene

Nach dem Wie wenden wir uns nun dem Was zu. Die schönsten Argumente nützen nicht viel, wenn Sie nur Ihre persönliche Meinung oder Ihre Gefühle ausdrücken. Sinnvollerweise stützen Sie jedes Argument durch einen Beweis ab. Aussagen und Behauptungen Ihrerseits, die nicht abgesichert sind, stehen sonst Aussagen und Behauptungen Ihres Gesprächspartners gegenüber. Und wer soll dann entscheiden, welche Aussagen stimmen, welche Behauptungen mehr Gewicht haben? Überlegen Sie deshalb, wie Sie Ihre Aussagen begründen und Ihre Behauptungen unterstützen können. Dazu bieten sich Beweise (von anderen) ebenso an wie knallharte Fakten, Daten und Zahlen, die Sie sorgfältig recherchiert und am besten schriftlich und mit Quellenangabe (so sind sie jederzeit nachprüfbar) vorliegen haben. Eine gewisse Logik unterstützt das Ganze.

Bei einem Argumentationsgespräch ist es wichtig, dass Sie sowohl der Form und Struktur als auch dem Inhalt gerecht werden. Denn nur wenn beides gründlich vorbereitet und mit Begeisterung vorgetragen wird, hat derjenige, der überzeugt wird, das Gefühl, sich nicht nur kurzfristig der stärkeren (rhetorischen) Macht unterworfen zu haben, sondern auch langfristig den besseren Argumenten.

Einige Argumentationsmuster im Überblick

Überzeugen ist nicht schwer, argumentieren dagegen sehr. Oder war das umgekehrt? Natürlich gibt es Menschen, die alleine dadurch, wie sie etwas sagen, und durch die eigene Begeisterung andere Menschen geradezu in ihren Bann ziehen können und diese von manchem überzeugen, was ein anderer Mensch nicht schaffen würde. Allerdings sind dies wenige Ausnahmen. Alleine auf Ihre Ausstrahlung und Ihr Charisma sollten Sie sich nicht verlassen. Sonst sind Sie vielleicht verlassen, wenn Ihr Gesprächspartner als Perfektionist eben alles bis ins kleinste Detail überlegt und sich intensiv auf das Gespräch vorbreitet hat. Dann kann es passieren, dass Sie, ehe Sie sich's versehen, überzeugt sind, obwohl Sie doch überzeugen wollten. Oder Sie flüchten sich, falls möglich, in Ihre Machtposition und überzeugen den anderen weniger durch Argumente als vielmehr durch »Druck von oben«. Diese Version ist langfristig nicht befriedigend. Mehr Freude macht es, wenn man weiß, was man rhetorisch und argumentatorisch drauf hat.

Idealerweise bereiten Sie Ihre Argumentation professionell auf. Dazu gehört, dass Sie Ihr Ziel vorab genau festlegen. Welche Meinung vertreten Sie und was soll das Ergebnis des Gesprächs sein? Wir haben bereits über Zahlen, Daten, Fakten gesprochen, durch die Sie Ihre Argumente absichern. Dann versetzen Sie sich gedanklich in die Welt Ihres Gesprächspartners und überlegen, welche Argumente und Beweise den anderen überzeugen könnten. Akzeptiert er eher eine wissenschaftliche Grundlage oder sind ihm Erfahrungen von anderen Menschen wichtiger? Welche Probleme könnten auf dem Weg zu einer Einigung, einem gemeinsamen Ziel oder zumindest einem Konsens auftauchen? Dann gehen Sie an die Detailplanung: Welche Argumentationsmuster wollen Sie verwenden? Im Anschluss finden Sie eine kleine Auswahl der wichtigsten und Ihnen vom Prinzip her sicher bereits vertrauten Argumentationsmuster. Ein paar andere werden Ihnen weniger vertraut sein, es lohnt sich jedoch, auch diese für den einen oder anderen speziellen Fall zu kennen.

Die Argumentationskette

Bei der Argumentationskette folgen der Meinung oder Behauptung ein bis drei Argumente in einer (chrono)logischen Reihenfolge und schließlich die Schlussfolgerung.

Ein Beispiel:
Ich denke, dieses neue Produkt zum jetzigen Zeitpunkt ist nicht gut für die strategische Unternehmensentwicklung (1), weil

- wir dadurch unseren Expertenstatus verwässern (2),
- enorme Entwicklungskosten auf uns zukommen (3) und
- der Markt (Kundenumfrage) beweist, dass kein Bedarf in diesem Segment besteht (4).

Deshalb schlage ich als Konsequenz (5) vor, eine Produktneueinführung inklusive aller Überlegungen auf das nächste Jahr zu verschieben.

Die Wenn-dann-Argumentation

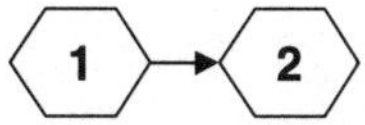

Bei der Wenn-dann-Argumentation folgt auf eine Behauptung nur eine logische Schlussfolgerung. Hier können jedoch auch mehrere Wenn-dann-Argumentationen aneinandergereiht werden.

Ein Beispiel:
Wenn (1) unser Vertrieb enger mit der Entwicklungsabteilung zusammenarbeiten würde, dann (2) könnten wir unsere Produktentwicklung so gestalten, dass sie genau den Bedürfnissen des Marktes und unserer Kunden entspricht.

Die dialektische Methode

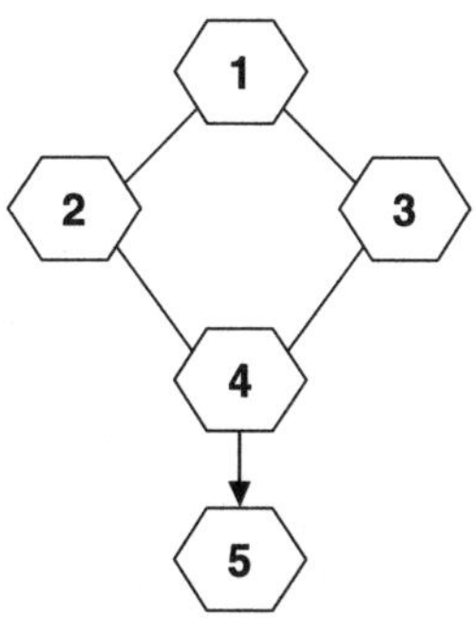

Bei der dialektischen Methode gibt es zwei durchaus ebenbürtige Argumente, aus denen dann ein Vergleich und ebenfalls wieder eine Schlussfolgerung gezogen wird.

Ein Beispiel:
Unsere Produktionsabteilung schlägt vor (1), die Lagerhaltung sowie den Versand komplett auszulagern. Dafür spricht (2), dass wir dadurch eine Halle zusätzlich zur Produktion nutzen könnten; dagegen spricht (3), dass zusätzliche Transportkosten anfallen. Der Vergleich dieser beiden Aspekte (4) zeigt, dass beide berechtigt und von Bedeutung sind. Deshalb schlage ich vor (5), dass wir erst nach einer genauen Kostenaufstellung eine Entscheidung treffen.

Die Vergleichsargumentation

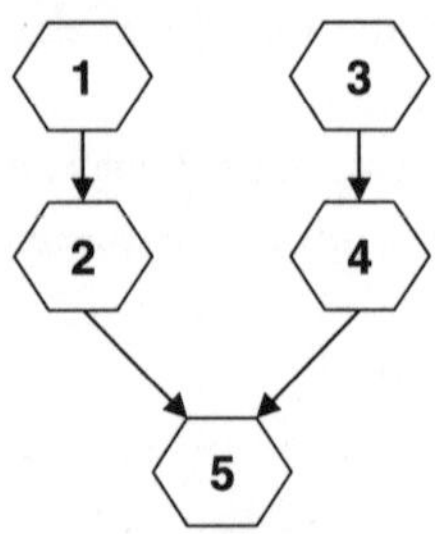

Die Vergleichsargumentation stellt zwei Meinungen mit jeweils einer Begründung gegenüber. Da beide Meinungen hier meist sehr gefestigt sind, zeigt man durch einen vollkommen anderen Aspekt auf, dass es eben noch weitere Sichtweisen gibt.

Ein Beispiel:
Die einen in unserer Abteilung vertreten die Meinung (1), dass eine flexible Arbeitszeit nur Vorteile bringt, weil (2) jeder seinen Tagesablauf flexibler gestalten kann. Die anderen sind der Meinung (3), dass man lieber nur die Mittagspause flexibel handhaben sollte, damit das Büro immer besetzt ist, weil (4) so sichergestellt ist, dass Kunden während der gesamten Geschäftszeit einen Ansprechpartner erreichen. Ich denke, dass beide Versionen viele Absprachen erfordern und deshalb (5) Regelarbeitszeiten und ein Stundenkonto die ideale Lösung sind.

Die Kompromiss-Methode

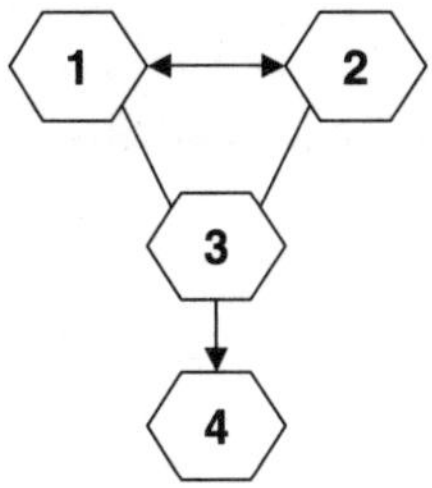

Bei der Kompromiss-Methode werden zwei konträre Meinungen gegeneinander abgewogen und es wird ein gemeinsamer »Nenner« gesucht. Dadurch kommt meist ein ganz neuer Aspekt ins Spiel, der eine faire Argumentation erst möglich macht oder eine Diskussion in eine neue Richtung lenkt.

Ein Beispiel:
Franz meint (1), der Außerdienst sei der entscheidende Part, wenn es um den Vertrieb geht. Josef hingegen ist der Überzeugung (2), dass der Innendienst die viel schwierigere Aufgabe zu meistern hat. Die beiden Meinungen treffen sich offensichtlich in dem Punkt (3), dass es mit der Unternehmensentwicklung nur positiv vorangeht, wenn Außen- und Innendienst ihre entscheidenden Aufgaben auch außergewöhnlich gut erledigen. Die Lösung (4) liegt offensichtlich darin, dass Außen- und Innendienst an einem Strang ziehen müssen und nach der gemeinsamen Teilnahme an einem geeigneten Seminar dazu auch in der Lage sind.

Die Umweg-Argumentation

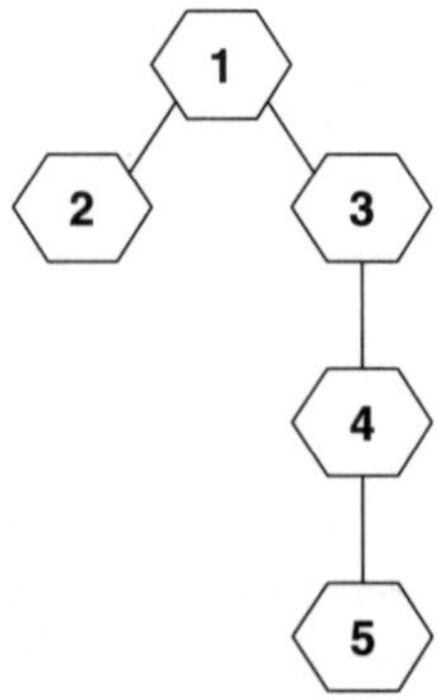

Bei einer Umweg-Argumentation wird darauf hingewiesen, dass bislang immer nur ein Aspekt berücksichtigt wurde, und die Diskussion auf eine andere Schiene gelenkt.

Ein Beispiel:
Wir sprechen schon eine ganze Weile über die Möglichkeiten einer besseren Kosten-Gewinn-Relation (1). Bislang (2) haben wir dabei immer nur an eine Erweiterung unserer Produktion gedacht. Dabei wurde übersehen (4), dass auch das Outsourcing bestimmter Unternehmensbereiche die Situation verbessern könnte. Deshalb schlage ich vor, diesen Aspekt (5) intensiv zu prüfen, bevor es zu einer Entscheidung kommt.

Wie Sie sehen, gibt es viele Arten, eine Argumentation aufzubauen, und ebenso viele Möglichkeiten, durch Argumente ein Gespräch zu beeinflussen oder eine Diskussion zu lenken. Ob es darum geht, Probleme zu lösen, zu informieren oder bestimmte Dinge zu koordinieren – überall dort, wo Menschen miteinander arbeiten, sprechen und agieren, sind Verhandlungen an der Tagesordnung und Sie haben die Möglichkeit, durch eine geschickte Argumentation eine Entscheidung so zu beeinflussen, wie Sie es möchten. Eine gezielte und wirkungsvolle Argumentation ist hilfreich in vielen beruflichen Situationen und wird nicht nur von Politikern im Wahlkampf und hinterher benötigt, um die Wähler davon zu überzeugen, warum sie Wahlversprechen (natürlich nur zum Besten der Wähler) nicht einhalten können und warum die Zeiten etwas ganz anderes fordern.

Doch bei allen Techniken, die sehr hilfreich sein können und zum Grundlagenmaterial gehören, werden Sie merken, dass in Gesprächen oft nicht nur Argumente zählen, sondern auch, welche persönliche Ausstrahlung der Mensch hat. Die Kraft der Beeinflussung geht zu einem großen Part auf die menschliche Überzeugungskraft zurück. Wie Sie diese Kraft erreichen? Ganz einfach, indem Sie an sich arbeiten. Neben einer begeisterten Stimme und einem intensiven Augenkontakt beschreibt der Dominikaner-Pater Dr. Udo Nix in seinem Büchlein *Rhetorik und Diskussionstechnik (Kommunikationstraining I), Argumentationstechnik (Kommunikationstraining II)* die fünf Voraussetzungen für eine positive Ausstrahlungskraft wie folgt:

1. Demut und Bescheidenheit,
2. ein frohes Gemüt,
3. fundiertes Wissen,
4. gütige Liebe gegenüber anderen und
5. großes Engagement für eine Sache.

Wer diese fünf Forderungen erfüllt, wird zweifelsohne »große Suggestivkräfte freisetzen«. Diese Suggestivkräfte wiederum verleihen Ihren Argumenten eine größere Glaubwürdigkeit und Ihnen als Person, Gesprächspartner und Diskussionsteilnehmer ein hohes Maß an natürlicher Autorität und Durchsetzungskraft.

Einige Leser werden sich wundern, dass ich hier die Tugend der Demut und der Bescheidenheit predige, obwohl ich an einer anderen Stelle mich für das Selbstmarketing einsetze.

Bei aller vorteilhaften Darstellung Ihrer Person: Achten Sie bitte immer darauf, dass Sie bei Ihrem Gegenüber auf Akzeptanz stoßen. Nimmt er Ihnen Ihre positive Selbstdarstellung oder Erfolgsrhetorik nicht ab, hilft es Ihnen auch nicht weiter. Einer meiner Kunden erzählte mir einmal, er hätte einen guten Trainer nicht engagiert, weil dieser seinen Expertenstatus zu sehr in den Vordergrund stellte und es ihm aufgrund seines jugendlichen Auftretens und seines Alters keiner abnehmen würde. Wortwörtlich sagte mir dieser Kunde: »Ich hätte mir mehr Bescheidenheit gewünscht!« Denken Sie darüber nach!

Wenn nichts mehr hilft: die Entlarvungsmethode

Kennen Sie das, wenn einem ein anderer den Spiegel vorhält? So genau möchte man dort manchmal gar nicht hineinschauen und sehen oder erleben, was man selbst so macht. Es gibt Fälle, da bleibt Ihnen gar nichts anderes übrig, als Ihrem Gesprächspartner den Spiegel vorzuhalten. Dann nämlich, wenn dieser immer wieder die gleiche kommunikative Strategie verwendet und damit jede Argumentation zunichte macht.

Mit der Entlarvungsmethode zeigen Sie zum einen, dass Sie merken, was der andere macht, und zum anderen bringen Sie ihn dadurch natürlich, meistens zumindest, aus dem Konzept. Stellen Sie sich nur mal vor, ein Gesprächspartner stellt permanent Gegenfragen, nervt Sie dadurch schrecklich und Sie können weder vernünftig kommunizieren noch argumentieren. Und anstatt jetzt angriffslustig zu werden, sprechen Sie ihn ganz einfach auf die verwendete Technik an, zum Beispiel mit der folgenden Formulierung:

- »Haben Sie eine besondere Vorliebe für Gegenfragen?«
- Oder etwas spitzer: »Haben Sie die Technik der Gegenfragen in einem Rhetorik-Seminar gelernt?«

Durch diese Fragen geschieht Folgendes: Sie konfrontieren Ihren Gesprächspartner mit seinen kommunikativen Strategien. Ihm wird vielleicht sogar erst bewusst, wie er kommuniziert. Schließlich wollen wir demjenigen nicht immer eine böse Absicht unterstellen. Vielleicht konnte er wirklich gerade nicht anders und hat völlig unbewusst ständig Gegenfragen gestellt. Dann wird er ebenso locker mit Ihrer Frage und dem Spiegel umgehen. Hat er diese Technik allerdings mit voller Absicht verwendet, um Sie aus dem Konzept zu bringen, können Sie den Spieß umdrehen und ihn aus dem Konzept bringen. Er kann ebenso verblüfft wie auch verunsichert reagieren, deshalb ist die Entlarvungsmethode immer mit Bedacht zu verwenden.

Von der Sach- auf die Verhaltensebene

Die Entlarvungsmethode hat einen entscheidenden Vorteil: Sie brauchen, indem Sie diese Methode anwenden, manchen Angriff nicht inhaltlich behandeln. Einwände Ihres Gesprächspartners laufen sozusagen ins Leere. Sie verlassen, indem Sie eine Strategie und Gesprächstaktik ansprechen, die Sachebene und begeben sich auf die Verhaltensebene. Alleine dieser Wechsel geschieht für Ihren Gesprächspartner, der sich voll auf die Sache und den Inhalt konzentriert, meist völlig unerwartet und überraschend und zeichnet Sie dadurch als besonders schlagfertig aus.

Wie jede Strategie hat natürlich auch die Entlarvungsmethode Ihre Vor- und Nachteile: Auf der einen Seite zeigen Sie Überlegenheit, weil Sie aufgrund Ihrer Beobachtungsgabe eine scharfe Wahrnehmung haben. Auf der anderen Seite können Sie durch das offensichtliche Bloßstellen Ihres Gesprächspartners die Beziehungsebene gefährden. Durch ein Wortgefecht mit Entlarvungsmethodik kann eine Beziehung schnell in die Brüche gehen. Christoph und Matthias Dahms zeigen dies in ihrem Buch *Die Magie der Schlagfertigkeit* sehr deutlich an einem Beispiel auf:

Partner: »Ich habe jetzt keine Zeit.«
Entlarvung: »Du nimmst deinen Blickkontakt weg, weil du mir nicht in die Augen sehen kannst, wenn du lügst.«

Partner: »Ich habe jetzt keine Lust, mit dir zu streiten.«
Entlarvung: »Du drückst dich, weil du weißt, dass ich Recht habe.«

Partner: »Hör bitte auf.«
Entlarvung: »Du windest dich, weil ich stärker bin.«

Partner: »Ich gehe jetzt (zum Scheidungsrichter)!«

Mit der Entlarvungsmethode lesen Sie wieder einmal zwischen den Zeilen und hören zwischen den Worten. Sie zeigen, dass Sie die kommunikativen Instrumente des Gesprächspartners sehr genau wahrnehmen. Und genauso, wie Sie die Entlarvungsmethode im negativen Sinne verwenden können, können Sie natürlich auch durch eine positive Unterstellung eine Entlarvung bewirken. Ein Beispiel:

»Sie laufen aufgeregt auf und ab ...«

negativ: »... weil Sie nicht in der Lage sind, eine Entscheidung zu treffen.«
positiv: »... weil Sie körperliche Bewegung brauchen, um auch Ihren Geist in Gang zu bringen und dadurch die richtige Entscheidung zu treffen.«

Training macht den Meister

Christoph und Matthias Dahms empfehlen folgendes Trainingsvorgehen: »Sprechen Sie in der ersten Trainingsphase nur das Verhalten oder die kommunikative Strategie des Gegenübers an. Eine kleine anschließende Pause gibt dem Partner Zeit zu reagieren. In der nächsten Phase unterstellen Sie zusätzlich Motive, die Ihrer Meinung nach auf die Intention des anderen zutreffen. Zustimmende Reaktionen des Partners bedeuten, dass Ihre Wahrnehmung auch der Sicht des Gegenübers entspricht, und die Beziehung wird sich verbessern. Korrigiert der andere, lernen Sie ihn dadurch besser kennen und schärfen zusätzlich Ihre Wahrnehmung. In der dritten Phase des Trainings üben Sie positive Unterstellungen, die die Beziehung zum anderen verbessern werden.« Sie sehen, es gibt zahlreiche Möglichkeiten, die Entlarvungsmethode anzuwenden, und alle haben eines gemeinsam: Sie fördern eine faire Kommunikation, vorausgesetzt, Ihr Gesprächspartner hat nicht das Gefühl, dass Sie ihn angreifen und bloßstellen wollen, sondern, dass Ihr Aufzeigen nur einer besseren Kommunikation dient.

Die drei wichtigsten Aspekte für mich/mein Umsetzungsplan

1.

____

____

2.

____

____

3.

____

____

Folgende Ideen werde ich umsetzen:

Noch heute

____

____

Morgen

____

____

In der nächsten Woche

____

____

Kapitel 8: Dialektik

Dialektik ist laut Duden die »Erforschung der Wahrheit durch Aufweisung und Überwindung von Widersprüchen«. Dialektik ist das Spiel mit Worten, der geschickte Umgang mit Sprache, um Ihr Gegenüber zu überzeugen. Wer dialektisch geschult ist, muss den anderen nicht überreden oder gar Befehle erteilen, er wird vielmehr die Kunst der Dialektik nutzen, um die eigenen Überzeugungen auf andere zu projizieren. Im kommunikativen Miteinander werden so plötzlich auch Probleme lösbar.

Dialektik war ursprünglich die Kunst der Gesprächsführung, dann eine philosophische Methode und wurde in ihrer heutigen Form wohl am stärksten von Hegel geprägt: als Vorgang, in dem ein Begriff oder eine Meinung (These) einen Gegenbegriff oder eine gegensätzliche Meinung (Antithese) hervorruft, wobei in der Synthese dieser offensichtliche Widerspruch aufgehoben wird. Im gängigen Sprachgebrauch wird heute oft nur wenig zwischen Rhetorik und Dialektik unterschieden und schließlich werden alle Gesprächsformen diesen beiden Begriffen zugeordnet. Doch das wäre nicht nur zu einfach, es ist auch bereits in den gedanklichen Ansätzen falsch. Rhetorik ist neben der Logik und Psychologie nur ein Hilfsmittel der Dialektik. Dieses Zusammenspiel erst ermöglicht Menschen, erfolgsorientiert und partnerorientiert zu überzeugen. Gefragt sind:

- ein eigenes Ziel
- eine Argumentation, die auf den Partner abzielt

- ein situationsgerechtes Verhalten
- die Anwendung fairer Dialektik-Techniken
- faire Abwehr unfairer Angriffe

Auf diese Weise ist die Dialektik ein entscheidender Erfolgsfaktor für die Überzeugungsarbeit.

Die Kunst zu überzeugen

Dialektik ist die Kunst zu überzeugen. Dazu müssen Sie logische Gedanken mit ausgewählten Worten in einer effektiven Darstellungsweise zur richtigen Zeit dem richtigen Gesprächspartner präsentieren. Das richtige Argument zur richtigen Zeit an den richtigen Menschen gerichtet, kann nur positive Ergebnisse bringen.
Wer die Kunst beherrscht, Menschen von etwas zu überzeugen, das nicht ihrer Überzeugung entspricht, hat einen entscheidenden Machtfaktor. Dabei gilt es allerdings zu beachten, dass überzeugen nicht gleichzusetzen ist mit überreden. Wer einen anderen Menschen zu etwas überredet, kann vielleicht damit rechnen, dass dieser das Vereinbarte ausführt, allerdings wird er nie mit ganzem Herzen dabei sein. Und wer, nur um den anderen von etwas zu überzeugen, seine Macht spielen lässt, kann nicht wirklich von Kunst sprechen. Meist ist diese Überzeugung auch nur von kurzer Dauer und bringt für beide Seiten nicht viel: Da ist auf der einen Seite derjenige, der Macht ausübt und die Zustimmung seines Gegenübers nur bekommen hat, weil er die Autorität hat. Ist dies eine natürliche Autorität, die vom Gesprächspartner akzeptiert wird, ist alles okay. Ist es allerdings eine Autorität, die ihm nur aufgrund seiner Hierarchie zusteht, kann die Kommunikation kein befriedigendes Ergebnis liefern. Auf der anderen Seite steht ein Befehlsempfänger, der sich zwar vordergründig bereit erklären muss, den Befehl auszuführen, im Innersten jedoch mit dem

Schicksal hadert und langfristig mit der einseitigen, machtvollen Kommunikation nicht zufrieden sein wird.
Dialektik ist die Kunst zu überzeugen – im Guten wie im Schlechten. Denn nicht immer kommt die Wahrheit ans Licht. Und auch in der unfairen Dialektik greift die Kunst, wenn man es denn so nennen will, den Gesprächspartner zu überzeugen. Dialektik einmal wertfrei betrachtet bedeutet nur eines: durch Rede und Gegenrede, das heißt durch eine offene Kommunikation, die Wahrheit zwischen zwei Standpunkten aufzudecken.

Die besseren Argumente zählen
Am meisten Spaß macht Dialektik, wenn zwei gleich starke Partner miteinander um die Wahrheit ringen. Denn nur dann »siegt« im dialektischen Gespräch nicht der, der die Dialektik besser beherrscht, sondern der mit den besseren Argumenten. Die Kunst zu überzeugen lässt sich lernen. Um zu überzeugen, müssen Sie zunächst einmal ganz Sie selbst sein. Nur eine starke Persönlichkeit hat in der Dialektik überhaupt eine Chance. Wenn Sie schauspielern und sich verbiegen, ist das auf Dauer nicht nur sehr anstrengend für Sie, Sie werden auch nie den Erfolg erzielen, den Sie sich vorstellen und wünschen. Sie benötigen, um andere Menschen von etwas zu überzeugen, einige Fähigkeiten. Hier die fünf wichtigsten:

1. **Sicher auftreten:** Stehen Sie zu sich selbst! Treten Sie sicher und selbstbewusst auf. Souveräne Bewegungen, eine ruhige Art (keine fahrigen Bewegungen) und ein offener Blick bewirken Wunder. Gehen Sie freundlich und aufgeschlossen auf andere Menschen zu und nutzen Sie die Möglichkeiten, Kontakt aufzunehmen. Denn jedes Gespräch schult Ihre Kommunikationsfähigkeit und damit Ihre Dialektik.
2. **Logisch herangehen:** Bereiten Sie sich gut auf jedes Gespräch vor. Gliedern Sie Ihre Gedanken und danach Ihre Unterlagen. Nutzen Sie logische Beweisfolgen und Be-

gründungen für Ihre Argumentation. Je besser Sie im Kopf vorbereitet sind, umso einfacher können Sie die Argumente dann im Gespräch vorbringen und auf die Aussagen Ihres Gegenübers antworten. Am besten ist es, wenn Sie bereits im Vorfeld auch schon einmal darüber nachdenken, welche Argumente/Fragen Ihr Gegenüber bringen wird und wie Sie darauf reagieren.

3. **Selbst überzeugt sein:** Seien Sie von dem, was Sie sagen, hundertprozentig überzeugt. Nur dann können Sie andere Menschen überzeugen. Wenn Sie inhaltlich und innerlich zögern, sind Ihre Argumente genauso zögerlich und Sie werden es nicht schaffen, andere von etwas zu überzeugen, an das Sie selbst nicht glauben. Lassen Sie sich nur auf dialektische Auseinandersetzungen ein, wenn Sie selbst überzeugt sind.
4. **Emotional (re)agieren:** Betreten Sie einmal die Welt Ihres Gesprächspartners. Fühlen Sie sich ein, überlegen Sie, warum er wie (re)agiert. So finden Sie zum Beispiel auch die Stärken und Schwächen Ihres Gesprächspartner heraus und können entsprechend emotional an ihn herangehen. Und machen Sie sich eines klar: Weder durch falsches (anbiederndes) Gehabe noch durch das Beharren auf dem eigenen Standpunkt kommen Sie zu einem Konsens. Gehen Sie menschlich mit Menschen um und Sie werden sich auch nach der dialektischen Auseinandersetzung noch gegenseitig respektieren.
5. **Kreativität einbringen:** Nehmen Sie das Geschehen aktiv in die Hand. Tun Sie Ihre Meinung kund und beleben Sie das Gespräch oder die Diskussion, wenn die Situation verfahren scheint, indem Sie Kreativität entwickeln und über den eigenen Tellerrand hinausblicken. Finden Sie Gemeinsamkeiten (die es, auch wenn man nicht daran glauben kann, immer gibt) oder bringen Sie durch ungewöhnliche Geschichten oder Beispiele Abwechslung ins Gespräch.

Überzeugen statt manipulieren

Erfolgreiche Verhandlungskünstler verdanken ihre Wettbewerbsvorteile ihrem kommunikativen Geschick. Oft kommt es darauf an, ein klein bisschen besser zu sein als die anderen! Fehlende kommunikative Kompetenz und ein Defizit an emotionaler Intelligenz sind im Berufsleben große Hindernisse. Heute sind die so genannten »weichen Faktoren« wie kommunikative Kompetenz, Sozialverhalten und Teamfähigkeit oft ausschlaggebend für den beruflichen Erfolg. Gute Zeugnisse und Fachkompetenz werden meistens einfach vorausgesetzt. Amerikanische Erfolgstrainer behaupten sogar, der berufliche Erfolg basiere nur zu 20 Prozent auf Fachwissen! Vieles ist durch entsprechendes Coaching lernbar. Bei der Kommunikation von Mensch zu Mensch geben die Gefühle meist den Ausschlag für den Gesprächsverlauf. Wer es schafft, sich verbal und nonverbal auf seinen Partner einzustellen, hat gute Aussichten auf ein positives Ergebnis. In Seminaren zum Beispiel unterstütze ich meine Teilnehmer beim Verbessern ihrer Überzeugungskraft und beim Einnehmen der Perspektive des anderen. Dabei spielen Sprache und Wortwahl eine ebenso große Rolle wie Gestik, Mimik, Körpersprache und das äußere Erscheinungsbild. Wichtig ist in jedem Fall die innere Einstellung. Wer rhetorische und dialektische Mittel verwendet, um rücksichtslos eigene Vorteile zu erlangen, wird auf die Dauer sehr einsam und wenig erfolgreich sein. Es kommt auf den gezielten Einsatz des Wissens an – beispielsweise, wenn Sie sich in einer schwierigen Situation befinden oder wenn Sie jemanden unbedingt von etwas überzeugen müssen. Was spricht dagegen, ein Gespräch so zu führen, dass alle dadurch gewinnen? Wenn wir Dialektik als die Kunst zu überzeugen definieren, dann sind die Mittel der fairen Dialektik erlaubt, während die Mittel der unfairen Dialektik vermieden werden sollten. Die Crux ist dabei leider, dass Ihr Gegenüber entscheidet, ob eine Äußerung der fairen oder unfairen Dialektik zuzuordnen ist. Darauf haben Sie kaum Einfluss. Daher ist Vorsicht geboten.

Dialektik – ein zweischneidiges Schwert

Ich spreche immer wieder von fairen und unfairen Techniken, über verbale Angriffe und intelligente Schlagfertigkeit und davon, wie es gelingt, Menschen zu überzeugen, statt zu überreden und zu manipulieren. Der Unterschied zwischen fairer und unfairer Dialektik ist ganz leicht erklärt und macht im Umgang und in der Kommunikation zwischen Menschen doch den entscheidenden Erfolgsfaktor aus.

- **Unfaire Dialektik** hat das Ziel, einen Gesprächspartner kurzfristig zu überreden oder ihn sogar zu manipulieren. Recht zu haben und zu behalten ist Hauptaugenmerk der Auseinandersetzung. Unfaire Techniken werden sowohl zum Angriff als auch zur Abwehr verwendet. Am Ende des Gesprächs gibt es einen Sieger und einen Verlierer.
- **Faire Dialektik** hat das Ziel, den Gesprächspartner langfristig vom Redner und den Inhalten zu überzeugen. Durch faire Techniken und eine logische Argumentation gibt es am Schluss des Gesprächs nur Gewinner.

Beide Arten können sowohl auf der Sachebene als auch auf der Beziehungsebene eingesetzt werden. Dann wird eben in der Sache manipuliert und/oder der Mensch persönlich angegriffen. Dialektik ist ein zweischneidiges Schwert mit vielen Facetten. Hierzu eine Geschichte aus dem Buch *Auf alle Fälle Recht behalten* von Wolf Ruede-Wissmann:

Ein Student fragte seinen Professor: »Was ist Dialektik?« Der Professor antwortet: »Ich gebe Ihnen mal ein Beispiel. Zwei Unternehmer, ein armer und ein reicher, kommen zu einem Münchner Berater. Beide wollen eine Beratung. Wer wird sie bekommen?«
»Der Arme«, antwortet der Student.
»Nein«, sagt der Professor, »der Reiche, denn er ist Erfolg gewöhnt. Wer wird also die Beratung bekommen?«

»Der Reiche«, antwortet der Student.
»Nein«, sagt der Professor, »der Arme, denn der hat die Beratung nötig. Wer wird also die Beratung bekommen?«
»Der Arme«, antwortet der Student.
»Nein«, sagt der Professor, »beide werden die Beratung bekommen. Denn der eine ist den Erfolg gewöhnt und der andere braucht den Erfolg. Wer wird also die Beratung bekommen?«
»Warum fragen Sie nochmals?«, entgegnet der Student.
»Weil keiner von beiden die Beratung bekommen wird, denn der Reiche braucht die Beratung nicht und der Arme ist sowieso bald pleite!«
»Herr Professor«, sagt da völlig verwirrt der Student, »Sie drehen es ja immer so, wie es Ihnen in den Kram passt!«
»Ja, mein lieber Studiosus«, antwortet hintergründig der Professor, »das ist eben Dialektik. Da ist formal alles richtig, aber in der Sache stimmt es nicht ...!«

Dialektik hat immer auch etwas damit zu tun, zwischen den Zeilen zu lesen und zwischen den Worten zu hören. Dadurch wird eine Geschichte sachlich oft nicht weniger falsch oder richtig, aber es gilt, das zu durchschauen, was der andere mit dem, was er sagt, meint.

Mit weicher Dialektik oder harter Dialektik kontern?

In Gesprächssituationen haben Sie immer die Wahl, sich weich oder hart durchzusetzen. Wichtig ist für Sie, dass Sie mit den Konsequenzen leben können. Hier zwei Beispiele von weicher Dialektik:

- **Die Referenzmethode**
  Ein Kunde sagt Ihnen: »So wird das nicht klappen!«
  Ihre Erwiderung: »Das glaubten auch zwei andere unserer Kunden. Jetzt sind sie mit dieser Lösung äußerst zufrieden.«

- **Die Methode der bedingten Zustimmung**
  Ein Mitarbeiter sagt Ihnen: »Ich hätte diesen Bericht ganz anders geschrieben.«
  Statt beleidigt zu reagieren, können Sie ihm erst Recht geben, bevor Sie seine Aussage geschickt korrigieren: »Ich gebe Ihnen insgesamt Recht, ich setze nur einen anderen Akzent ...«

Andererseits haben Sie auch die Möglichkeit, hart zu kontern. Mit harter Dialektik schießen Sie allerdings oft mit Kanonen auf Spatzen. Hier zwei Beispiele von harter Dialektik:

- **Die Methode »Unzustellbar/Falsche Adresse«**
  Jemand sagt Ihnen: »Sie können nicht systematisch arbeiten.«
  Statt den Angriff auf sich zu beziehen, kontern Sie: »Sagte immer Ihr alter Lehrer zu Ihnen.«
- **Die Kompetenz-Taktik**
  Jemand sagt Ihnen: »Sie sind nicht auf dem Laufenden.« Und Sie antworten: »Wenn Sie die letzte Entwicklung verfolgt hätten, wüssten Sie, dass ...«

Überlegen Sie jedes Mal, ob es sich lohnt, *schlag*-fertig zu kontern und dabei zertretenes Porzellan zu hinterlassen, ob Sie faire oder unfaire Dialektik in Ihren Gesprächen einsetzen und ob Sie bei aller Deutlichkeit auch alles sagen müssen, was Ihnen so in den Sinn kommt. Auf den kommenden Seiten finden Sie weitere Beispiele, wie man auf ein und dieselbe Aussage fair oder unfair antworten kann, denn im Leben gibt es immer die Möglichkeit, sich zu entscheiden. Allerdings müssen Sie dann den Weg bis zur nächsten Gabelung gehen, denn Wenden ist auf den schmalen, einspurigen Straßen der Kommunikation nur schwer möglich. Was einmal gesagt ist und von Ihrem Gesprächspartner gehört wurde, kann nur schwer ungeschehen gemacht werden.

Setzen Sie faire Dialektik ein

Im Verlaufe dieses Buches haben Sie es sicher bereits festgestellt: Ich bin ein Verfechter der fairen Dialektik, wohl wissend, dass es auch unfaire Methoden gibt. Diese sollten Sie natürlich auch kennen, um angemessen (freundlich) darauf reagieren zu können. Allerdings stelle ich hier einmal mehr die Frage an Sie: Wie wollen Sie wirken? Was sollen die Menschen in Erinnerung behalten? Eine streitsüchtige Zicke? Einen Macho, der auf seinem Recht besteht? Oder einen Gesprächspartner, der in der Lage ist, in allen Situationen entsprechend zu agieren und zu reagieren? Einen Menschen, dem die zwischenmenschliche Begegnung wichtiger ist als alle Streitpunkte dieser Welt?

Beispiele von (un)fairer Dialektik
Hier folgen vier Beispiele unfairer Dialektik und jeweils faire und unfaire Repliken:
Während einer Diskussion verliert sich Ihr Gegenüber in langen, abstrakten Ausführungen. Sie wollen keineswegs die Logik seiner Ausführungen hinterfragen.
»Wenn ich Ihre Ausführungen höre, habe ich das Gefühl, dass Ihr IQ kaum höher ist als die Raumtemperatur.«

Mögliche Replik:
- »Wieso lässt Sie denn die Komplexität meiner Gedankengänge und die hohe Raumtemperatur ins Schwitzen kommen?« (unfair)
- »Ihr Gehirn scheint aufgrund der Temperatur Ausfallerscheinungen aufzuweisen.« (unfair)
- »Soll ich vielleicht den Heizkörper für Sie hochdrehen?« (unfair)
- »Ich habe mich wohl unpräzise ausgedrückt. Welche Punkte sollte ich Ihrer Meinung nach verdeutlichen?« (fair)

Ihr Gesprächspartner will Sie bloßstellen und Sie disqualifizieren. Er schreckt vor Beleidigungen nicht zurück.
»Das, was Sie von sich geben, ist nur Halbwissen. Das Ganze entbehrt jeglicher wissenschaftlicher Grundlage.«
Mögliche Replik:

- »Wieso benutzen Sie als seriöser Mensch plumpe Beleidigungen statt stichhaltige Argumente?« (unfair)
- »Ich habe Schwierigkeiten, Ihnen zu folgen; bitte helfen Sie mir.« (fair)
- »Ihre Aussage macht mich sehr betroffen. Bitte klären Sie mich auf.« (fair)

Ihr Gesprächspartner beruft sich auf eine Pseudosachlichkeit und führt die Meinung der Experten ins Feld.
»Hochkarätige Experten sind da ganz anderer Meinung. Sie sind einhellig zu dem Schluss gekommen, dass ...«
Mögliche Replik:

- »Wie können Sie das denn überhaupt beurteilen?« (unfair)
- »Ausgerechnet Sie wollen das beurteilen!« (unfair)
- »Welche Argumente werden von den Experten genannt?« (fair)
- »Mich interessiert Ihre eigene Meinung dazu.« (fair)
- »Aufgrund welcher wissenschaftlichen Methoden und mit welchen statistischen Verfahren sind die Experten zu diesem Schluss gekommen?« (fair)

Ihr Gesprächspartner beruft sich auf Ihre mangelnde Erfahrung oder behauptet, dass Sie als Vertreter eines bestimmten »Geschlechts« nicht kompetent wären.
»Sie als junge Führungskraft/Mann/Frau können das doch gar nicht beurteilen!«
Mögliche Replik:

- »Seit wann hat denn Erfahrung mit Kompetenz etwas zu tun?« (unfair)
- »Welche Eigenschaften fehlen mir dazu?« (fair)

- »In welchem Bereich ist aus Ihrer Sicht Entwicklung nötig?« (fair)

Anmerkung: Bei Äußerungen der fairen Dialektik achten Sie bitte darauf, das Wort »denn« nicht zu benutzen. In der deutschen Sprache beinhaltet »denn« immer einen Vorwurf.

Sieger oder fairer Gesprächspartner

Auch wenn Sie bei unfairen Äußerungen dazu neigen, mit voller Wucht unfair zu kontern, sollten Sie immer darauf achten, eine gute Beziehung zu Ihrem Gegenüber aufrechtzuerhalten. Sonst gewinnen Sie vielleicht eine Schlacht, jedoch nicht den Krieg. Die vorausgehenden Beispiele haben es deutlich gemacht: Gegen verbale Attacken kann man unfair genauso vorgehen wie fair. Die Frage ist nur, wie Sie aus dem Gespräch herausgehen wollen: als Sieger oder fairer Gesprächspartner. Wir wollen uns hier mehr der fairen Kommunikation widmen und dem Weg der Menschen zueinander. In Gesprächen wie auch bei Diskussionen oder in einer Rede zählt deshalb eines: Damit unfaire dialektische Methoden erst gar nicht benötigt werden, ist eine gute Argumentation der Schlüssel zur Überzeugung.

Die drei wichtigsten Punkte für mich/mein Umsetzungsplan

1.

___

___

2.

___

___

3.

___

___

Folgende Ideen werde ich umsetzen:

Noch heute

___

___

Morgen

___

___

In der nächsten Woche

___

___

Kapitel 9:
Gespräche gibt's viele!

»Führung durch Personen ist im Wesentlichen Kommunikation. Wenn Kommunikation unterstützt wird durch elektronische Medien, dann ist das eine Hilfe. Wenn sie aber ersetzt wird durch elektronische Medien, dann liegt dort eine Gefahr, denn menschliche Kommunikation ist nicht nur Übermittlung von Sachaussagen, sondern sie transportiert zwischenmenschliche Bindung.« So Lutz von Rosenstiel (* 1938), deutscher Wirtschaftspsychologe, Professor am Institut für Organisationspsychologie in München. Ein gutes Gespräch ist zwar noch kein Garant für eine gelungene Beziehung, aber ohne bestimmte Kommunikationsregeln läuft so gut wie gar nichts. In einem guten Gespräch schwingen die beiden Gesprächspartner miteinander. Unwillkürlich werden sie ihren Tonfall, das Sprechtempo und die Pausen aufeinander abstimmen. Es ist ein beständiges Geben und Nehmen – an Informationen und Gefühlen.

Wie steht es mit Ihnen? Natürlich führen Sie lieber Gespräche, deren Abläufe Ihnen vertraut sind, die Positives zum Inhalt haben. Ihre kommunikativen Fähigkeiten jedoch schulen Sie eher bei Gesprächen, auf die Sie sich intensiv vorbereiten müssen und bei denen nicht immer alles nach Plan läuft. Das sind die Situationen, in denen Sie zeigen können, was als Profi in Ihnen steckt und ob Sie flexibel genug sind, sich kommunikativ auf die unterschiedlichsten Begebenheiten und Menschen einzustellen. Gesprächssituationen gibt es viele: Sie führen Neukunden- oder Verkaufsgespräche, verhandeln persönlich oder am Telefon, geben vielleicht in den Medien ein Interview, machen etwas Smalltalk bei der nächsten Betriebsversammlung. Diskussionen stehen an der Tagesordnung und – je nach Aufgabengebiet – Vorstellungs-, Kritik- oder Belobigungsgespräche. Auf einige freuen Sie sich, vor anderen würden Sie am liebsten davonlaufen. Mit etwas Erfahrung, und die bekommen Sie nur, indem Sie genau diese Gespräche (positive wie Ihrer Meinung nach »negative«) führen, besitzen Sie bald die Zuversicht, jede Gesprächssituation zu meistern und das Beste für alle Beteiligten herauszuholen. Erfolg haben im Leben immer Menschen, die gut kommunizieren können. Ob sie nun im direkten Kundenkontakt stehen oder täglich mit Vorgesetzten, Kollegen oder Mitarbeitern sprechen. Beachten Sie ein paar Regeln und gehen Sie auf die Bedürfnisse des Gesprächpartners ein, dann gelingen Spitzengespräche.

Die Psychologie der Gesprächsführung

Johann Wolfgang von Goethe sagte: »Behandle die Menschen so, als wären sie, was sie sein sollten, und du hilfst ihnen zu werden, was sie sein können.« Ich möchte dieses Zitat etwas freier formulieren: »Sprich mit den Menschen so, als wären sie, was sie sein sollten, und du hilfst ihnen zu werden, was sie sein können« – und damit in die Psychologie der Gesprächsführung einsteigen. Jeder Mensch kann kommunizieren und Gespräche führen – keine Frage. Von morgens bis abends sprechen wir miteinander. Doch erreichen wir immer das, was wir wirklich wollen? Klingt das, was wir sagen, in den Ohren unseres Gesprächspartners auch so, wie wir es im Sinn hatten? Oder spielen manchmal feine Untertöne oder auch nur eine falsche Geste die entscheidende Rolle, dass Menschen sich nicht verstehen oder etwas anders verstehen, als der Sprechende eigentlich ausdrücken wollte? Ich habe diesen Abschnitt bewusst die Psychologie der Gesprächsführung ge-

nannt, weil wirklich etwas Psychologie dazu gehört, die vielfältigen Einflüsse sowie innere und äußere Begebenheiten zu verstehen und effektiv mit ihnen umzugehen.
Der Mensch als soziales Wesen steht ständig in Kontakt mit anderen Menschen. Von der ersten Minute unseres Erdendaseins bis zum Ende; vom Morgen eines jeden einzelnen Tages bis zum Abend, den wir mit einem »Gute Nacht« beenden, kommunizieren wir ununterbrochen. Viele Dinge beeinflussen diese Gespräche: nicht nur Geräusche oder Ablenkungen, sondern auch das, was sich in uns abspielt, und auch das, was das Gegenüber kommuniziert. Ja, wir beeinflussen uns in einem enormen Maße gegenseitig, sobald ein Gespräch zustande kommt. Um erfolgreiche Gespräche zu führen, um außergewöhnlich zu kommunizieren, ist eine neue Art des Umgangs miteinander gefragt. Sprache spielt hier eine ebenso große Rolle wie die Kenntnis dessen, was Sprache bewirken kann.

Gesprächsführung hat etwas mit Führung zu tun
Sprechen Menschen miteinander, vor allem in einer größeren Runde, wird es immer einen geben, der den Gesprächsfaden in der Hand hält. Trotz aller fairen Gesprächsführung und Verhandlungstaktiken, bei denen es nur Sieger gibt, besteht die Aufgabe einer Führungskraft darin, das Gespräch zu steuern und in die Richtung zu lenken, in die sie gerne weitergehen möchte. Mitarbeiter müssen dieser Führungskraft folgen, der Vision und Idee, die hinter dem Ganzen stehen. Andernfalls wird es schwer. Ob Gespräch im Mitarbeiterkreis oder Präsentation auf Kundenseite, hier gilt das gleiche Gesetz der Rhetorik: Nur wenn der Referent das Interesse des Zuhörers wecken und ihn »bei der Stange« halten kann, hat er auch eine Chance, ihm den Inhalt, also die Idee, zu vermitteln und ihn letztlich davon zu überzeugen, dass dies auch für ihn lohnend ist. Gespräche lassen sich mit unterschiedlichen Methoden steuern, zum Beispiel durch Wiederholung der entscheidenden Parts und regelmäßiges Zusammenfassen der Inhalte. Mit

Sätzen wie »Sicher stimmen Sie mir bis hierher in den drei wichtigsten Punkten, 1. ..., 2. ... 3. ..., zu« stellen Sie sicher, dass Sie und Ihr(e) Zuhörer auf dem gleichen Informationslevel sind. Sie können auch einzelne wichtige Faktoren noch einmal konkretisieren.

Führung hat etwas mit Menschen zu tun und Gespräche finden ebenfalls zwischen Menschen statt. Gesprächsführung beherrscht nur der, der Menschenführung beherrscht – und umgekehrt. Es gibt in Amerika eine sehr schöne Unterscheidung zwischen dem alten Chef-Gebahren und dem, was wir heute unter Leadership verstehen. Der Unterschied, so sagen die Amerikaner, ist folgender: A boss says »Go!« – A leader says »Let's go!«.

Gesprächsführung leicht gemacht: 10 Steps to go

In jedem Gespräch sollte unabhängig von der Art der Auseinandersatzung entscheidend sein, nicht nur das eigene Ziel zu kennen und dessen Realisierung zu verfolgen, sondern sich auch einmal zu fragen, welche Intention denn der Gesprächspartner hat. Folgende 10 Punkte für eine effektive Gesprächsführung helfen Ihnen, Gespräche gemeinsam gut zu führen und zu einem guten Ende zu bringen:

1. **Mein Ziel:** Machen Sie sich eine klare Vorstellung von dem, was Sie durch das Gespräch erreichen wollen.
2. **Die Vorstellung des anderen:** Überlegen Sie auch einmal, was Ihr Gesprächspartner will, welche Erwartungen er hat.
3. **Vorbereitung:** Bereiten Sie sich inhaltlich und mental auf das Gespräch vor. Stimmen Sie sich ein. Wenn Sie so gar nichts über Ihr Gegenüber wissen und gehetzt zum Termin eilen, wie soll dann ein erfolgreiches Gespräch dabei herauskommen?
4. **Gesprächsatmosphäre:** Schaffen Sie eine angenehme und entspannte Gesprächsatmosphäre. In einer solchen Oase fühlen gerade in der heutigen hektischen Zeit nicht nur

Sie sich wohler, Sie reichen auch Ihrem Gesprächspartner dadurch schon einmal symbolisch die Hand. In einer gelösten Atmosphäre spricht sich's für beide Parteien leichter.

5. **Argumentation:** Argumentieren Sie fair und begeistern Sie Ihr Gegenüber durch Ihre eigene Überzeugung.
6. **Zuhören:** Hören Sie Ihrem Gesprächspartner aufmerksam zu. Sie können sehr viel von dem, was er sagt, später wieder in den eigenen Gesprächsverlauf einfließen lassen.
7. **Eingehen auf den Partner:** Durch die Informationen, die Sie von Ihrem Gesprächspartner bekommen haben, können Sie ihm ganz gezielt vermitteln, dass Sie ihn verstanden haben, und auf seine Vorstellungen, soweit dies von Ihrer Seite aus machbar ist, auch eingehen. Betrachten und behandeln Sie Ihr Gegenüber immer als gleichberechtigten Partner trotz aller fachlichen Diskussionspunkte und Unstimmigkeiten.
8. **Fragen:** Durch gezielte Fragen betreiben Sie eine aktive Gesprächsführung. Sie steuern das Gespräch und erhalten wertvolle Informationen von Ihrem Gegenüber.
9. **Gemeinsamkeiten:** Arbeiten Sie bei dem Gespräch in regelmäßigen Abständen Gemeinsamkeiten heraus. Fassen Sie bestimmte Gesprächsabschnitte immer wieder zusammen, so dass Sie beide bis zu einem genau festgelegten Punkt übereinstimmen. Dann ist es am Schluss auch gar nicht mehr aufwändig, das Ergebnis festzuhalten.
10. **Ergebnis:** Halten Sie ein Ergebnis fest. Fassen Sie die drei wichtigsten Punkte Ihres Gesprächs zusammen. In der Regel geschieht dies zunächst mündlich und im Anschluss von einem der Teilnehmer auch noch schriftlich. Im Idealfall wird auch gleich festgelegt, wer was bis wann macht und wofür verantwortlich ist.

Wenn Sie diese 10 grundsätzlichen Punkte berücksichtigen, dann können Sie auch schwierige Gesprächssituationen erfolgreich meistern.

Problematische Gesprächssituationen erkennen und bewältigen

Es wird immer wieder Situationen geben, in denen ein Gespräch genauso abläuft, wie Sie es sich vorstellen. Sie fahren zu einem Kunden und dieser gibt Ihnen nach einer kurzen Präsentation den Auftrag. Sie sprechen mit einem Mitarbeiter über dessen herausragende Leistungen in der letzten Zeit – er wird das kaum abstreiten und dieses Gespräch wird nicht in einer unangenehmen Diskussion enden. Sie sollten jedoch auch wissen, dass Menschen immer Menschen bleiben und oft unberechenbar sind. Schon Kleinigkeiten im Vorfeld oder während des Zusammentreffens können eine an sich klare Gesprächssituation sehr schnell verändern. Und schließlich entscheidet auch die jeweilige Tagesform darüber, wie ein Gesprächspartner auf eine ganz bestimmte Situation oder Aussage reagiert. An einem guten Tag, an dem ein Mitarbeiter früh zu Hause erfahren hat, dass er eine Reise gewonnen hat, wird er auch ein Kritikgespräch offener annehmen. Eine Führungskraft, die jedoch am Morgen schon Streit mit der Freundin hatte, wird, und da ist sie eben auch ganz Mensch, an diesem Tag vielleicht nicht so offen sein, wenn eine schwierige Gehaltsverhandlung auf dem Plan steht. Die Kunst liegt nun darin, solche Gesprächssituationen zu erkennen und zu meistern.

Überprüfen Sie doch einfach einmal eine Reihe von persönlichen Gesprächen und überlegen Sie, welche positiv verlaufen sind und welche Konflikte heraufbeschworen. Sind es vielleicht immer wiederkehrende Floskeln, die Sie reizen, oder Angriffe Ihrerseits, von denen Sie vielleicht sogar wissen, dass Sie Ihren Gesprächspartner damit »auf die Palme bringen können«?

Die Gesprächsarten: Personen-, Sach- oder Konfliktgespräch?

In seinem Buch *Psychologie der Gesprächsführung* bezeichnet Ekkehard Crisand das Gespräch als »Königsweg zum Mitmenschen«. Gespräche gibt es viele im menschlichen Zusammenleben. Ob beruflich oder privat, die Anlässe für Gespräche sind vielfältig. Ob Sie nun mit Ihrem Lebenspartner die nächste Urlaubsreise durchsprechen, mit einem Kunden ein Verkaufsgespräch führen oder als Mitarbeiter vom Vorgesetzten zum Beurteilungsgespräch gebeten werden – laut Crisand gibt es drei grundsätzliche Gesprächsarten:

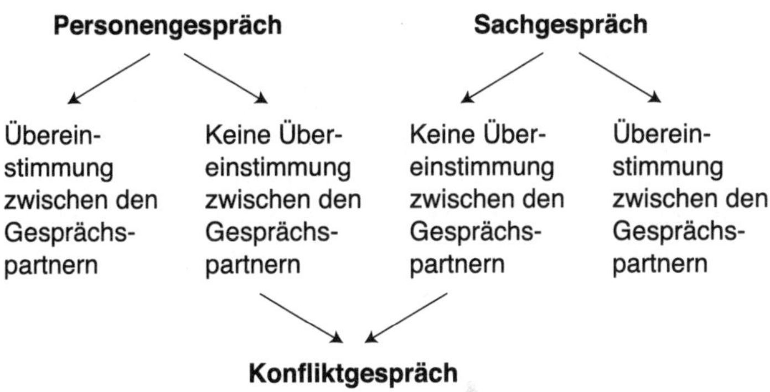

Der Wechsel zwischen diesen Gesprächsarten ist oft fließend. Was als Sachgespräch beginnt, kann schnell in einem Konfliktgespräch enden, wenn beide Partner nicht in der Lage sind, einen gemeinsamen Konsens zu finden. Natürlich kann der Verlauf auch umgekehrt stattfinden: Ein Konfliktgespräch, das zwei kommunikativ geschulte Gesprächspartner führen, kann ebenso schnell wieder auf ein Personen- oder Sachgespräch reduziert werden. Folgende Gesprächsfaktoren, die in allen Gesprächsarten eine Rolle spielen, sollten Sie kennen:

- **Äußere Umstände (Raum, Zeitpunkt):** Die äußeren Umstände sind oftmals wichtige Faktoren. Oder wie würden Sie sich fühlen, wenn ein Vorgesetzter ein wichtiges Gespräch, um das Sie gebeten hatten, »zwischen Tür und Angel« abhandelt? Der Raum spielt also eine entscheidende Rolle. Besser ist es da doch, wenn das Gespräch in einer ruhigen »Ecke« oder gar im Chefbüro stattfindet, in dem Sie Ihre Sorgen loswerden können. Es ist ja schließlich nicht angenehm, wenn ein derartiges Gespräch von allen vorübergehenden Mitarbeitern mitgehört werden kann. Entscheidend ist auch der Faktor Zeit, und zwar sowohl qualitativ (Ist der Zeitpunkt richtig gewählt oder hat der Gesprächspartner gerade andere Probleme?) als auch quantitativ (Wie viel Zeit steht für das Gespräch zur Verfügung?).

- **Beziehung zwischen den Gesprächspartnern:** Die Beziehung zwischen den Gesprächspartnern hat einen enormen Einfluss auf das Gespräch. Achten oder verachten sich die beiden? Stehen sie einander neutral gegenüber? Wichtig ist bei den Gesprächspartnern auch die Rolle. Wird der Vorgesetzte als solcher akzeptiert? Welche Persönlichkeitsstruktur hat der Mitarbeiter? Wie ist der Status, die Ausstrahlung, die Einstellung und Verhaltensweise und wie wird die augenblickliche Stimmung der beiden Gesprächspartner sein?
- **Gruppenzugehörigkeit:** Das Gespräch wird erheblich durch Gruppenzugehörigkeiten geprägt. So wird ein Gespräch beeinflusst, wenn zum Beispiel eine Frau mit einem Mann spricht oder wenn ein großer Altersunterschied besteht. Soziale Rollen (erfahrene Kollegen) und der Status (laut Unternehmenshierarchie) spielen bei Gesprächen eine Rolle, jedoch auch Stereotype, zum Beispiel Vorurteile gegenüber Gastarbeitern oder Blondinen.
- **Historie (allgemeine und persönliche Erfahrungen):** Nichts prägt unser Leben mehr als Erfahrungen. Welche Gefühle verbinden wir mit einem bestimmten Begriff und wie reagieren wir, wenn dieser Begriff im Gespräch fällt? Neben diesen allgemeinen Erfahrungen und Prägungen im Leben kommt noch die persönliche Erfahrung mit dem

Gesprächspartner hinzu. Wie habe ich diesen in der Vergangenheit kennen gelernt, wie sind wir beide miteinander umgegangen?

Nur wenn wir diese Gesprächsfaktoren kennen, gelingt es uns, bewusst mit ihnen umzugehen und jedes Gespräch bestmöglich zu kontrollieren. Spitzengespräche sind nur dann möglich, wenn wir agieren und nicht nur ständig damit beschäftigt sind, zu reagieren, Angriffe abzuwehren und einen vermeintlichen Gegner zu besiegen. Wenn beide Parteien fair miteinander umgehen und die verschiedenen Einflussfaktoren berücksichtigen, kann aus jedem Gespräch ein Lerneffekt erwachsen – inhaltlich wie methodisch.

Achten Sie auf die Beziehungsebene

Die Beziehungsebene spielt eine entscheidende Rolle, wenn es um den Erfolg von Gesprächen geht. Ob Kollege, Mitarbeiter oder Vorgesetzter, wir arbeiten mit Menschen zusammen und jeder Mensch hat das Recht darauf, auch als solcher behandelt zu werden. Jeder Mensch hat unterschiedliche Werte und Einstellungen. Jeder Mensch ist ein Individuum und jeder Mensch möchte mit seinen Werten und Einstellungen akzeptiert und respektiert werden. In Gesprächen sollte dies sichergestellt werden, auch wenn diese Werte und Einstellungen vielleicht nicht hundertprozentig mit Ihren übereinstimmen. Nur wenn Sie es schaffen, den anderen so zu nehmen, wie er ist, dann fällt es Ihnen auch leicht, eine Beziehung zu ihm aufzubauen und ein erfolgreiches Gespräch zu führen. Die Art der Beziehung spiegelt sich bereits in der Art und Weise wider, wie Sie sitzen. Vielleicht klingt das für Sie etwas weit hergeholt. Doch der durchdachte Sitzplan ist ein Erfolgsgrundstein in der Kommunikation. Wie und warum, das erfahren Sie gleich jetzt.

Der Sitzplan als Beziehungs-Vorsprung

Gespräche fangen schon viel früher und nicht erst dann an, wenn sich Menschen »Auge in Auge« gegenüberstehen oder -sitzen. Vorbereitung ist nicht nur notwendig, sondern ist ein ganz entscheidendes Erfolgskriterium. Apropos Sitzen: Welches Gespräch auch ansteht, überlegen Sie vorher genau, wie Sie zu Ihrem Gesprächspartner sitzen werden. Gegenüber, über Eck oder nebeneinander? Welches, glauben Sie, ist die beste Alternative?

Jeder Sitzplan hat seine Vor- und Nachteile und ist für unterschiedliche Gespräche mehr oder weniger sinnvoll. Die drei wichtigsten stelle ich Ihnen hier einmal kurz vor. Beginnen möchte ich mit der häufigsten Position, vor allem wenn zwei Menschen miteinander sprechen:

1. Über Eck:

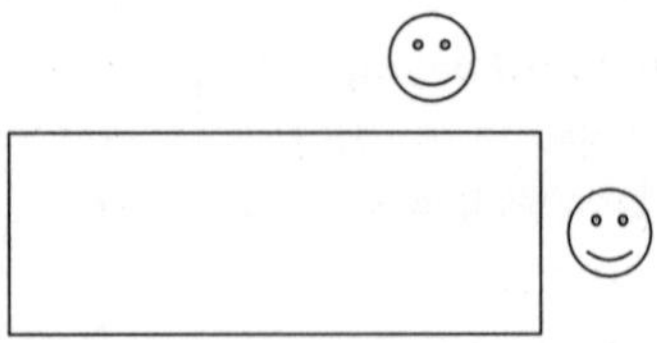

Ob in Gesprächen mit Kunden, Mitarbeitern und bei Verhandlungen: In dieser Position sitzt man als Partner zusammen. Der Blickkontakt kann jederzeit hergestellt werden, beide können Unterlagen gemeinsam einsehen, Gesprächsinhalte werden offen miteinander besprochen. Die Tischkante, die jeder für sich hat, gibt Unabhängigkeit, allerdings hemmt die Ecke gleichzeitig auch etwas den Energiefluss.

2. Gegenüber:

Sehr oft sitzen sich Gesprächspartner im Geschäftsleben auch gegenüber. Vielleicht wird diese Situation sogar noch verschärft, indem der »Chef« auf einem etwas erhabenen Platz sitzt, während der Mitarbeiter mit einem etwas niedrigeren Stuhl vorlieb nehmen muss. Eines bleibt gleich: Der Tisch zwischen den beiden Menschen schafft zunächst einmal Distanz, er steht wortwörtlich »zwischen« den beiden Gesprächsteilnehmern. Unterbewusst kann eine solche Sitzposition sehr viel »Flurschaden« anrichten. Bei manchen Gesprächen kann eine solche Sitzposition durchaus gewollt sein. In Kritikgesprächen macht man damit klar, dass man eben nicht »auf einer Seite sitzt«, schließlich wäre ansonsten ein solches Gespräch gar nicht notwenig. Besonders wenn sich Fronten verhärtet haben, spricht diese Sitzposition aus, was das Unterbewusstsein suggeriert. Vielleicht ist es für Sie eine Überlegung wert, sollten Sie einmal als Vorgesetzter in eine solche Situation kommen: Wählen Sie doch einfach, um die verhärteten Fronten aufzuweichen, eine andere Sitzposition. Das kann einen entscheidenden Einfluss auf den Ausgang dieses Gesprächs haben.

3. Nebeneinander:

Energie fließt! Hier sitzt man wirklich Seite an Seite, blickt in die gleiche Richtung und geht in einer Sache gemeinsam voran. Jeder Gesprächspartner ist in dieser Position zwar sehr leicht angreifbar (verletzliche Seite), kann jedoch umgekehrt auch die Kraft des Partners nutzen.

Überlegen Sie bei zukünftigen Gesprächen: Wo, wie und neben wem will ich gerne sitzen? Freund oder Feind? Mit etwas Übung und Fingerspitzengefühl werden Sie zukünftig Gesprächspartner so geschickt platzieren, dass sich Synergien ergeben, dass klare Abgrenzungen, wenn nötig, gesteckt werden und das bestmögliche Ergebnis bei dem Gespräch oder der Verhandlung herauskommt.

Die Macht des Zuhörens

Natürlich sprechen wir in diesem Buch viel über Kommunikation, Gespräche, die Macht des Wortes, Rhetorik, Dialektik und was man mit intelligenter Schlagfertigkeit erreichen kann. Dabei vergessen wir allerdings zu oft, dass eine gute Kommunikation immer von zwei Erfolgsfaktoren ausgeht: dem Sprechen und dem Zuhören. Mit dem Sprechen tun wir uns meistens nicht so schwer. Wir hören uns gerne reden, uns fällt so ziemlich immer etwas ein und wir geben am liebsten immer und überall »unseren Senf« dazu. Etwas schwieriger wird es da schon mit dem Zuhören. Wirklich aufmerksam zuhören bedeutet mehr, als nur nichts zu sagen! Die Macht des Zuhörens ist ausschlaggebend dafür, ob Menschen effektiv miteinander kommunizieren und ob beide Seiten ein gutes Gefühl dabei haben. Schon der deutsche Dichter Novalis (1772–1801), eigentlich Friedrich von Hardenberg, bestätigte: »Sprechen und Hören ist Befruchten und Empfangen.«

Zuhören bedeutet, einmal wirklich innezuhalten und ganz für den anderen Menschen da zu sein. Zuhören bedeutet, nicht nur die Ohren aufzusperren, sondern auch das Herz. Zuhören bedeutet, nicht schon eine Antwort oder Frage zu formulieren, während der andere spricht. Denn das macht ein aufmerksames Zuhören nahezu unmöglich. Zeigen Sie Ihrem Gesprächspartner, dass Sie Interesse haben an dem, was er sagt, was ihn bewegt, was ihm wichtig ist. Dies können Sie ganz einfach umsetzen, indem Sie ihm aufmerksam zuhören. Aufmerksames Zuhören bedeutet, dass Sie nicht nur still sind, sondern Ihrem Gesprächspartner auch durch Zeichen, wie offenen Blickkontakt, zustimmendes Nicken (an der richtigen Stelle!), und eine im wahrsten Sinne des Wortes mitfühlende Gestik, Mimik und Körpersprache zeigen, dass Sie mit allen Sinnen bei ihm sind.

Aufmerksames Zuhören hat auch etwas mit Anstand und Respekt zu tun. Man fällt sich nicht ins Wort, lässt sich gegenseitig ausreden und beachtet auch sonst die Gesetze der Menschenwürde. In einem effektiven Gespräch wechseln sich Rede, Gegenrede, Frage, Antwort, Zuhören … in regelmäßigen Abständen ab. Peter von Quernheim fasst in seinem Buch *Überzeugen können. Der Königsweg der Rhetorik und Dialektik* folgende »Regeln für ein erfolgreiches und aktives Zuhören« zusammen:

- Zuhören setzt Geduld voraus. Lerne, dich zu gedulden!
- Setze keinem Gespräch ein gewaltsames Ende. Jede Rede hat ein Ende: Warte darauf. Unterbrich niemals die Rede eines Menschen.

- Halte Blickkontakt zum Gesprächspartner und signalisiere damit, dass du noch »da« bist. Aber: »Nagle« deinen Gesprächspartner nicht mit den Augen fest!
- Lerne, dir durch Gedächtnistraining
  a) die Argumente des Gesprächspartners
  b) deine Gegenargumente
  zu merken. Plane nur dann während des Zuhörens deine Argumente, wenn du sicherstellen kannst, dass du dich dabei noch auf das Gesagte konzentrierst!
- Lerne, bereits während des Zuhörens zu analysieren und das Gesagte auf seine Logik zu überprüfen!
- Frage nach, wenn du einen Begriff akustisch oder inhaltlich (zum Beispiel Fremdwort) nicht verstanden hast. Das Fragen zeigt dem Gesprächspartner dein Interesse!
- Gib deinem Gesprächspartner durch Fragen, Rückkoppelungen, durch Mimik und Gestik sowie durch eine aktive Körperhaltung zu verstehen, dass du zuhörst. Verwende dabei deinen Kopf, um zu »nicken« (als Zeichen deiner Zustimmung), verwende Wörter wie »aha«, »ja«, »ich verstehe«.

Frei nach dem Sprichwort »Reden ist Silber, Schweigen ist Gold« ist auch aufmerksames Zuhören Gold wert. Sicher wissen Sie, wie wertvoll ein Mensch ist, der Ihnen wirklich zuhört, wenn Sie schon einmal einen solchen Zeitgenossen gesucht und nicht gefunden haben. Immer gibt es Wichtigeres zu tun … Immer müssen Menschen nur noch schnell … Und für das Zuhören bleibt einfach zu wenig Raum in unserer hektischen Zeit. Dabei ist aktives Zuhören gar nicht so schwer. Hier noch ein paar weitere Tipps, wie Sie Ihrem Gesprächspartner bewusst verbal zeigen: »Ich höre dir zu.«

- **Zusammenfassen:** Eine Zusammenfassung der wichtigsten Inhalte des Gesprächs stellt sicher, dass beide Gesprächspartner auf dem gleichen Informationslevel sind.

- **Paraphrasieren:** Indem Sie Gehörtes noch einmal mit eigenen Worten wiedergeben, stellen Sie für sich und Ihren Gesprächspartner sicher, den Inhalt des Gesagten richtig verstanden zu haben.
- **Klarheit durch Nachfragen/Fortführen:** Durch aktives Nachfragen (Verstehen beide unter einem bestimmten Begriff wirklich das Gleiche?) und Fortführen des Gedankens helfen Sie dem Sprechenden, zum Beispiel: »Wie hat Herr Busch reagiert, nachdem du dich so geäußert hast?«
- **Verbalisieren:** Fassen Sie Gefühle Ihres Gesprächspartners, der zwar die Geschichte erzählt, letztendlich die eigenen Gefühle jedoch nicht ausdrücken kann oder will, in Worte, zum Beispiel: »Das hat dich sicher sehr verletzt!«
- **Abwägen:** Kommen beim Zuhören mehrere Dinge auf einmal zur Sprache, helfen Sie abzuwägen, welcher Punkt der wirklich entscheidende ist, zum Beispiel mit folgender Frage: »Was hat dich beim Verlust deines Arbeitsplatzes mehr getroffen: das verlorene Image oder der Verlust von Verantwortung?«

Natürlich gehört es zur Redekunst, seine Meinung klar und unmissverständlich darzustellen. Oft wird vergessen, dass dabei nicht nur harte Fakten eine Rolle spielen, sondern auch Emotionen und Einstellungen beider Gesprächspartner. Besonders schwierig wird es, wenn negative Gefühle auftauchen und diese auch offen ausgedrückt werden. Für eine wirklich sachliche Auseinandersetzung bleibt dann kein Raum, weil Empfindungen diese stören. Umso wichtiger ist, wie wir bereits festgestellt haben, das Zuhören. Dadurch zeigen wir unser Interesse und lenken damit den Sprecher. Auch wenn es nicht immer leicht ist: Wer konzentriert und mit angemessenem Einfühlungsvermögen wichtige Fragen stellt, lenkt die Unterhaltung.

Schweigen kann so viel sagen

Das Schweigen ist eine wundervolle Sprache, die nur wenige beherrschen. Oliver Goldsmith (1728–74), irischer Dichter, nennt es »die Muttersprache der Weisen«. Und für den amerikanischen Humoristen Josh Billings (1818–85), ist es »eines der am schwierigsten zu widerlegenden Argumente«. Haben Sie gelernt, auch einmal den Mund zu halten, zu schweigen? Wie ein Mönch, der ein Schweigegelübde abgelegt hat, dürfen auch Sie einmal gar nichts sagen. Was halten Sie davon? Wenn Sie es nur einmal einen Tag ausprobieren, werden Sie merken, wie viel wir doch sprechen. Das ist auf der einen Seite natürlich gut so, weil es unsere kommunikativen Fähigkeiten stärkt. Auf der anderen Seite kann nur zuhören, wer auch einmal schweigen kann. Im Alten Testament steht geschrieben: »Dass ihr endlich schweigen wolltet; das würde Weisheit für euch sein.«

Denken Sie einmal an kleine Kinder: »Sitz still und plapper nicht so viel!«, hören diese mehr als einmal von ihren Eltern. Der Mensch lernt nicht von ungefähr zuerst laufen und dann sprechen. Und das Schweigen lernen manche ihr ganzes Leben nicht! Über das Schweigen gibt es viele Zitate, kluge Weisheiten und Sinnsprüche, über die es sich nachzudenken und manchmal auch schmunzeln lässt:

- »Die Lippen widersprechen der Vermutung, dass es sich bei ihnen um Schließmuskeln handelt.« Wolfram Weidner (* 1925), dt. Journalist
- »Die Wirklichkeit eines anderen Menschen liegt nicht darin, was er dir offenbart, sondern in dem, was er dir nicht offenbaren kann. Wenn du ihn daher verstehen willst, höre nicht auf das, was er dir sagt, sondern vielmehr auf das, was er dir verschweigt.« Kahlil Gibran (1883–1931), syrisch-amerik. Dichter und Maler
- »Dumme Gedanken hat jeder, aber der Weise verschweigt sie.« Wilhelm Busch (1832–1908), dt. Schriftsteller, Maler und Zeichner

- »Ein Kluger bemerkt alles – ein Dummer macht über alles eine Bemerkung.« Heinrich Heine (1797–1856), dt. Dichter
- »Es gibt kaum etwas Schöneres, als dem Schweigen eines Dummkopfes zuzuhören.« Helmut Qualtinger (1928–86), österr. Schriftsteller, Kabarettist und Schauspieler
- »Es ist besser zu schweigen und als Idiot verdächtigt zu werden, als zu reden und dadurch alle Zweifel zu beseitigen.« Abraham Lincoln (1809–65), amerik. Politiker, 16. Präsident der USA (1861–65)
- »Es ist leichter zu schweigen, als sich im Reden zu mäßigen.« Thomas von Kempen (1379 od. 80 – 1471), dt. Mystiker
- »Gesegnet seien jene, die nichts zu sagen haben und den Mund halten!« Oscar Wilde (1854–1900), irischer Schriftsteller
- »Gewissen Menschen gegenüber kann man seine Intelligenz nur auf eine Art beweisen, nämlich, indem man nicht mehr mit ihnen redet.« Arthur Schopenhauer (1788–1860), dt. Philosoph
- »Man nimmt den Mund nicht voll, wenn man die Schnauze voll hat.« Erich Kästner (1899–1974), dt. Schriftsteller, 1957 Georg-Büchner-Preis
- »Man spricht durch Schweigen. Und man schweigt mit Worten.« Erich Kästner (1899–1974), dt. Schriftsteller, 1957 Georg-Büchner-Preis
- »Solange man schweigt, kann man für weise gelten. Aber wenn man spricht, ist lauter Weisheit selten.« Friedrich Rückert (1788–1866), dt. Dichter
- »Alles sagen Narren, die Weisen denken's nur und heißen drum gescheit.« Friedrich Nicolai (1733–1811), dt. Schriftsteller der Aufklärung und Verlagsbuchhändler
- »Behutsames Schweigen ist das Heiligtum der Klugheit.« Baltasar Gracián y Morales (1601–58), span. Philosoph und Schriftsteller

- »Wenn Blüten Worte sind, umgeben Blätter sie wie gesammeltes Schweigen.« Rabindranath Tagore (1861–1941), ind. Dichter und Philosoph, 1913 Nobelpreis für Literatur

Soziale Kompetenz

Aktives Zuhören ist für die soziale Kompetenz ein ausschlaggebendes Moment. Wie wollen Menschen andere Menschen führen, wenn sie diesen nicht auch einmal zuhören? Zuhören und erfahren, was diese bewegt, was diese wirklich wollen? Wie wollen Menschen andere begeistern, wenn sie zwar voller innerer Überzeugung sprechen, jedoch nicht merken, dass das Gesagte an den Menschen vorbeigeht? Vielleicht können Sie Menschen sogar viel eher von etwas überzeugen, wenn Sie zunächst einmal die Weisheit besitzen, einfach nur zuzuhören. Viele Verkäufer, die ihre Kunden von etwas überzeugen wollen, wenden die Strategie des Überredens an. Sie reden und reden, führen Produktvorteil nach Produktvorteil auf – dies alles natürlich mit bestem Wissen und Gewissen. Dabei wäre es doch viel einfacher, dem Kunden erst einmal aufmerksam zuzuhören, um zu erfahren, was diesen bewegt, welche Probleme er zu lösen hat und wo »der Schuh drückt«. Dann würden sich Verkäufer so manchen Satz ersparen, weil sie, neben dem sinnvollen Smalltalk, unmittelbar auf die Wünsche und Visionen des Kunden eingehen könnten.

Soziale Kompetenz bedeutet natürlich nicht, dass in allen Gesprächen immer »Friede, Freude, Eierkuchen« herrscht, jeder freundlich zum anderen ist und sich am Ende immer eine Lösung findet, von der beide Seiten begeistert sind. Soziale Kompetenz bedeutet, dass man unabhängig vom Inhalt des Gesprächs den anderen Menschen respektiert, notfalls auch dessen andere Meinung oder Weltanschauung. Dieser respektvolle Umgang miteinander ist ein kommunikatives Handwerkszeug, das für mehr Fairness bei Gesprächen sorgt. Zum Abschluss hier noch eine kleine Übung, wie Sie aktives Zuhören trainieren können:

Setzen Sie sich zu zweit zusammen und der Partner A erzählt über einen Zeitraum von fünf Minuten etwas aus seinem Leben. Inhalt kann die Arbeit sein, die Familie oder das außergewöhnliche Hobby. In dieser Zeit muss Partner B aufmerksam zuhören. Er darf nicht sprechen, nichts bestätigen, außer mit einem Kopfnicken, oder erwidern, außer mit der Mimik, die Anteil nimmt. Am Ende des Gesprächs muss Partner B den Inhalt richtig zusammenfassen können. Dann wechseln Sie die Konstellation und alles geschieht in umgekehrter Reihenfolge.

Sie werden merken, dass es auf der einen Seite gar nicht so leicht ist, wirklich zuzuhören – ohne gleich mit eigenen Erlebnissen aufzuwarten oder voller Neugierde Fragen zu stellen. Und umgekehrt werden für den (weniger geübten) Sprechenden fünf Minuten oft zur Ewigkeit. Lassen Sie sich auf diese Übung ruhig einmal ein und machen Sie konzentriert mit. Sie werden viel an persönlicher Erfahrung für zukünftige Gespräche gewinnen. Wenn uns jemand wirklich aufmerksam zuhört, haben wir das Gefühl, verstanden und sogar geschätzt zu werden. Schließlich nimmt sich unser Gegenüber ja Zeit für uns, unser Anliegen, unsere Themen, unsere Schwierigkeiten.

Ich-Botschaften statt Aggressionen

Sie kennen die Situation: »Immer lässt du deine Wäsche herumliegen!« »Du bist immer die Erste, die das Büro verlässt!« Oder: »Was du nur immer mit deinen Vorurteilen willst?« Du, du, du … Mit derartigen Vorwürfen, kann man andere Menschen ganz schön »auf die Palme bringen«. Der Gesprächspartner fühlt sich angegriffen, in die Ecke gedrängt, abgestempelt und einfach für alles verantwortlich gemacht. Leicht kommen dann Aggressionen auf, mit denen beide Gesprächspartner nur schwer zurechtkommen. Sie können einem anderen Menschen vieles sagen, sogar kritische Punkte ansprechen, wenn Sie ein paar Regeln beachten.

- **Ich statt du:** Wenn Sie immer nur angreifende Du-Botschaften aussenden, brauchen Sie sich nicht zu wundern, wenn Sie Aggressionen schüren. Verwenden Sie doch einfach stattdessen einmal Botschaften wie: »Ich fühle mich nicht wohl, wenn schmutzige Sachen in der Wohnung herumliegen.« Oder: »Ich empfinde es als Vertrauensbruch, wenn ich immer die Letzte im Büro bin.« Diese Formulierungen wirken weniger angreifend. Sie drücken dabei lediglich Ihre Gefühle aus und machen Ihrem Gesprächspartner Ihre Empfindungen klar.
- **Vermeiden Sie »immer« oder »nie«:** Pauschalisierungen sind *immer* schlecht. Und schon haben Sie mich erwischt. Der Titel eines James-Bond-Abenteuers lautet: »Never say never again.« Oder auf Deutsch: »Sag niemals nie.« Diesen Grundsatz sollten Sie sich auch für Gespräche geistig notieren. Kein Mensch macht etwas »immer« oder »nie« – auch wenn Sie es vielleicht in diesem Augenblick genau so empfinden. Vermeiden Sie »immer« und »nie« und Ihre Gespräche erhalten eine vollkommen andere Qualität.
- **Der Ton macht die Musik:** Was immer Sie auch sagen, welche Worte Sie auch verwenden; entscheidend ist vor allem, wie Sie dies tun. Der Ton macht die Musik und die Lautstärke beziehungsweise Betonung einer Aussage die Stimmung. Versuchen Sie es doch einmal: »Du bist immer die Erste, die das Büro verlässt!« – und betonen verschiedene Wörter oder Satzteile. Je nachdem wird das Ganze von Ihrem Gegenüber anders aufgenommen.
- **Der Moment der Wahrheit:** Stellen Sie sich vor, Sie haben schlecht geschlafen, stehen beruflich unheimlich unter Druck und am Morgen kommt auch noch Ihre Freundin daher und mosert: »Immer lässt du deine Wäsche herumliegen!« Was glauben Sie wohl? Ob das der richtige Moment der Wahrheit war? Oder hätte sie nicht besser auf den

gemütlichen Abend warten sollen? Überlegen Sie zukünftig, ob Sie Ihre Aussage zu jedem Zeitpunkt loswerden müssen, jetzt sofort und ohne Rücksicht auf Verluste, oder ob Sie es nicht lieber tun, wenn der günstigste Moment der Wahrheit gekommen ist.

Aggressionen haben noch keinem Gespräch gut getan. Weder die, die einer ausspricht, noch die, die einer hört oder empfindet. Streben Sie eine verständnisvolle Kommunikation an in der besten Absicht, dass jedes Gespräch, egal welchen Ausgang es auch nimmt, eine menschliche Bereicherung für beide Seiten ist.

Schwierige Gespräche meistern

Erfolgreiche Kommunikation, ein Gespräch, nach dem sich beide Parteien mit einem wirklich guten Gefühl trennen – all das kostet Kraft. Sich auf den anderen Menschen einzustellen, sich auf den Gesprächsinhalt zu konzentrieren, aufmerksam zuzuhören, um ihm zu zeigen, dass ich seine Meinung akzeptiere … nicht immer wird es klappen, dass wir wirklich optimal kommunizieren. Vielleicht können wir uns darauf einigen: Je wichtiger ein Gespräch für Sie ist, umso mehr Mühe legen Sie in die Vorbereitung und Durchführung, um so erfolgreich wie nur möglich zu kommunizieren. Dies gilt besonders für schwierige Gesprächssituationen, die sicher für keinen von uns angenehm und alltäglich sind.
Natürlich kann sich auch in »normalen« Gesprächen eine schwierige Situation ergeben. Davon gehen wir hier jedoch nicht aus, weil sich durch die Lektüre dieses Buches Ihre kommunikativen Fähigkeiten sicher noch etwas verfeinern konnten. Und nicht jeder wird in den »Genuss« kommen, schwierige Gespräche meistern zu müssen. Und wenn ich in diesem Kapitel von schwierigen Gesprächen spreche, meine ich auch

schwierige Gespräche. Gespräche also, bei denen zumindest eine Partei von vornherein weiß, dass es kein allzu leichtes Gespräch werden wird. Vielleicht, weil heikle Themen angesprochen werden und man hier oft nicht einschätzen kann, wie der andere darauf reagiert. Übungen und das persönliche Bemühen, fair zu (re-)agieren, weisen den Weg bei schwierigen Gesprächen – wie man am besten damit umgeht und eine Lösung findet, die für beide Seiten akzeptabel ist.

Gesprächssituationen

Überlegen Sie, wann für Sie persönlich ein Gespräch schwierig ist. Ist es das, wenn sich jemand erlaubt, Ihnen gegenüber Kritik zu äußern? Oder eher, wenn Sie sich gegenüber einem anderen kritisch äußern müssen und nicht wissen, »wie sag ich's meinem Kinde«? Machen Sie sich bewusst: Jedes Gespräch ist eine Herausforderung an die Beteiligten, im positiven wie im negativen Sinne. Es wird immer wieder Situationen geben, in denen wir Kritiken ausgesetzt sind und Konflikte ansprechen müssen. Alles andere wäre ungewöhnlich. Wo Menschen zusammen leben und arbeiten, gibt es immer Dinge, die von zwei Parteien unterschiedlich wahrgenommen werden und die dann Inhalt eines Gesprächs sind. Umso leichter können wir mit gewissen Grundkenntnissen schwierige Gesprächssituationen bewältigen.
Haben Sie schon viele schwierige Gespräche gemeistert, werden Sie natürlich anders damit umgehen, als wenn das erste ansteht und Ihnen vielleicht den Schlaf raubt. Stellen Sie sich nur mal vor, Sie müssen Ihre erste Kündigung aussprechen oder einen Mitarbeiter abmahnen, den Streit zwischen zwei Mitarbeitern schlichten oder ein für die Zukunft des Unternehmens entscheidendes Reklamationsgespräch mit Ihrem wichtigsten Kunden führen. Keine Panik! Die grundlegenden Erfolgsfaktoren für die Durchführung eines schwierigen Gesprächs sind im Grunde genommen auch keine anderen als in jeder anderen Gesprächssituation:

1. Ausführliche Vorbereitung (sofern das Gespräch nicht kurzfristig zustande kommt)
2. Beziehungsebene auf- oder ausbauen
3. Aufmerksam zuhören (egal was kommt)
4. Die richtigen Fragen stellen
5. Den Sachinhalt vom Persönlichen trennen
6. Logisch argumentieren
7. Gefühle wahrnehmen
8. Die Kraft der Begeisterung nutzen
9. Ruhe bewahren

Und vor allem:
10. Den anderen als Mensch akzeptieren!

Es soll Menschen geben, die sich auf schwierige Gesprächssituationen freuen, weil sie erst dann richtig beweisen können, wie gut sie kommunizieren. Andere fiebern darauf hin, weil sie das Thema endlich ansprechen wollen. Gerade bei unterschwelligen Konflikten, die ständig vor sich hin brodeln, tut es gut, sich endlich einmal auszusprechen. Falls beide Parteien dadurch jedoch so richtig »geladen« sind, empfiehlt es sich, einen unabhängigen Moderator hinzuzuziehen. Wieder andere vermeiden solche Gespräche, wenn es nur irgendwie geht. Sie laufen (vor der Verantwortung) davon und schieben das Gespräch so lange vor sich her, bis unvermeidliche Konsequenzen sie dazu zwingen, aktiv zu werden. Ob die Situation dadurch einfacher oder das Gespräch leichter zu führen ist, sei dahingestellt. Bevor wir in die einzelnen Gesprächssituationen einsteigen, müssen Sie wissen, dass Gespräche grundsätzlich auf zwei Ebenen stattfinden, nämlich auf der rationalen und der emotionalen Ebene.

Die Gesprächsebenen

Stellen Sie sich bitte folgende Situation vor: Zwei Menschen sprechen miteinander, sie argumentieren, diskutieren, hören einander aufmerksam zu – man sollte meinen, da müsste sich doch ein Konsens finden lassen. Für einen Außenstehenden klingen die Argumente beider Parteien logisch. Da ist es doch verwunderlich, wenn diese Gesprächspartner nicht zu einer Entscheidung oder zumindest einer Einigung kommen. Soweit die rationale Ebene, die von einem Außenstehenden eher erkannt wird.

Betrachten wir jedoch einmal die emotionale Ebene, schaut die ganze Sache schon anders aus. Wenn die beiden Gesprächspartner emotional nicht miteinander auskommen, können die Argumente noch so gut sein – und doch wird keine Einigung zustande kommen. Sie sind einfach emotional zu weit voneinander entfernt. Viele Kommunikationsprofis berücksichtigen dies bei anspruchsvollen Gesprächen im Geschäftsleben bereits. Und doch meinen immer noch viele, sie bräuchten nur die besseren Argumente und das Geschäft sei so gut wie sicher.

Weit gefehlt. Die emotionale Ebene entscheidet meist unbewusst viel häufiger als die rationale. Und sicher haben Sie sich selbst schon einmal dabei ertappt, wie Sie eine Entscheidung aus dem Bauch heraus getroffen haben, von der Sie vielleicht hinterher gemerkt haben, dass es effektiv gar keine so ganz sinnvolle Entscheidung war. Ihr Gegenüber war Ihnen einfach von Anfang an sympathisch. Umgekehrt hatten Sie sicher auch schon Gespräche, in denen vom Verstand her alles völlig logisch und klar war, wäre da nicht diese Antipathie Ihrem Gesprächspartner gegenüber. Im Grunde genommen haben Sie längst aufgehört, dessen Argumentation zu verfolgen, weil Ihnen sein »blödes Gerede« einfach nur »auf die Nerven geht«. Oder weil Ihnen sein Grinsen nicht gefällt, er einen unangenehmen Körpergeruch hat, einen unmöglichen Anzug anhat …

Das Kritikgespräch

Kritikgespräche sind mit die schwierigsten Gespräche zwischen Menschen. Wer lässt sich schon gerne sagen, dass das, was oder wie er etwas gemacht hat, nicht gut war. Jeder handelt doch vermeintlich in der besten Absicht. Und doch passieren Fehler. Etwas anderes wäre weder natürlich noch sinnvoll. Denn nur wo Menschen arbeiten, werden auch Fehler gemacht. Ist Ihnen als Führungskraft vielleicht lieber, wenn Ihre Mitarbeiter nichts tun oder alles so wie bisher? Dann lassen sich Fehler zumindest reduzieren. Wenn Mitarbeiter jedoch engagiert an die Arbeit gehen, in ihrem Verantwortungsbereich an neuen Ideen arbeiten, kann es auch passieren, dass etwas mal nicht so gut klappt. Schon hier entscheidet sich, wie Sie mit Kritik gegenüber Ihren Mitarbeitern umgehen: Sie sprechen die Kritikpunkte offen und sachlich an oder Sie schreien nur »wild durch die Gegend« und greifen den Menschen an, der diesen Fehler begangen hat. Glauben Sie mir: Kein Mensch macht wirklich gerne Fehler, weiß er doch (meist) um die Konsequenzen, vom persönlichen Schaden einmal ganz abgesehen. Ein Rezept gegen Fehler gibt es nicht, nur die Möglichkeit, mit Menschen über diese Fehler und wie es dazu gekommen ist zu sprechen. Fairerweise unterscheiden Sie auch: Es gibt durchaus Fehler, die nicht (und vor allem nicht mehrmals) passieren dürfen. Kommen diese bei einem Mitarbeiter durch fehlende Konzentration oder schlampiges Arbeiten öfter vor, müssen Sie Konsequenzen ziehen. Es gibt jedoch auch Fehler, die passieren, weil ein Mitarbeiter vielleicht zu wenig über eine Entscheidung nachgedacht hat oder zu wenige Informationen hatte, um diese überhaupt zu treffen. Richtig zu kritisieren ist dann nicht einfach. Die gute Nachricht ist: Sie können es lernen und trainieren! Dabei gilt es wesentliche Punkte zu beachten – Kritik muss

- zunächst einmal verstanden werden,
- konstruktiv und aufbauend sein,

- keinen Anlass zur Verunglimpfung liefern,
- vorbeugenden Charakter haben.

Im Mittelpunkt des Kritikgesprächs steht ein Fehlverhalten/ eine Fehlentscheidung sowie deren Korrektur und/oder Vermeidung für die Zukunft. Da es um die Sache und niemals um den Menschen geht, ist das eigentlich eine lösbare Aufgabe. Eigentlich! Denn allzu leicht fühlt sich der eine angegriffen, aus Verteidigung wird die Suche nach einem anderen Schuldigen und der Gegenangriff. Und schon ist aus einem Kritikgespräch das klassische Konfliktgespräch geworden.

Das Kritikgespräch – 5 steps to do

Kritik ist an und für sich ja noch nichts Negatives, auch wenn sie meist so empfunden wird. Es ist eine reine Feststellung, dass etwas nicht so verlaufen ist, wie ein anderer es sich vorgestellt hat. Punktum! Und doch reagieren wir Menschen bei Kritik meist getroffen, verletzt, je nach Wesensart vielleicht aggressiv oder mehr passiv, oft sogar trotzig. Lassen Sie es nicht so weit kommen. Deshalb hier die fünf wichtigsten Tipps für ein Kritikgespräch:

1. **Es geht immer um die Sache, nie um den Menschen:** Ob Sie nun den Menschen schätzen, der Ihnen gegenübersitzt oder nicht, tut nichts zu Sache. Der eine lässt sich lieber von einem Vorgesetzten kritisieren, der ihm wohlgesinnt ist. Der andere kann Kritik nur von jemandem ertragen, der ihm nicht zu nahe steht. Sprechen Sie bei einem Kritikgespräch immer von der Sache und nie von dem Menschen. Es geht darum, den Kunden zu begeistern, höhere Verkaufszahlen zu erzielen oder einfach ein gutes Betriebsklima zu fördern – es geht nicht darum, dass Frau Grantig ein unhöflicher Mensch ist (dass sie sich am Telefon Kunden gegenüber so verhalten hat, müssen Sie natürlich ansprechen!) oder dass Herr Lebwohl viel lieber in der Sonne sitzt, als bei Kunden Geschäfte zu machen. (Dass er

durch sein Verhalten natürlich die gemeinsam festgelegten Ziele nicht erreicht, das gehört auf den Tisch!)

2. **Sprechen Sie Fehler offen an:** Kritik muss manchmal eben sein. Lernfähige Mitarbeiter begrüßen ein Kritikgespräch sogar und nutzen dieses, um besser zu werden. Wenn Sie Fehler übersehen oder übergehen, kann es sein, dass Mitarbeiter diese Fehler unbewusst weiter machen. Ziel ist, dass der Mitarbeiter den Fehler in seiner Leistung oder seinem Verhalten einsieht. Nur so kann er erkennen, wie er diesen Fehler in Zukunft vermeiden kann. Mit dem Willen zur Verbesserung sollte der Kritisierte dann das Gespräch verlassen. Nur so kommen auch Veränderungen = Verbesserungen in Gang.
3. **Analysieren Sie vor dem Gespräch den Sachverhalt:** Wie bei allen Gesprächen gilt auch hier: Vorbereitung ist die halbe Miete! Mit einer klaren Strategie erhöhen Sie die Einsicht des Mitarbeiters und die Chance ist relativ hoch, dass dieser danach auch sein Verhalten ändert. Am besten stellen Sie zunächst einmal wertneutral fest: »Ich habe festgestellt, dass …«, bewerten dann »Das wirkt sich schlecht aus auf …«. Gehen Sie dann während der Befragung (bitte kein Verhör!) des Kritisierten zum Sachverhalt über: »Wie ist es dazu gekommen, dass …?«
4. **Lassen Sie den Kritisierten eine Stellungnahme abgeben:** Lassen Sie sich nicht von Ihrer Strategie abbringen, wenn Mitarbeiter nach Kritik Ausreden oder Einwände anbringen. Und reagieren Sie nicht verärgert. Beides lenkt Sie nur vom Weg ab, gemeinsam ein konstruktives Kritikgespräch zu führen und eine gemeinsame Lösung für die Zukunft zu finden.
5. **Helfen Sie dem Kritisierten, eine eigene Lösung zu finden:** Durch Fragen wie »Worauf wollen Sie in Zukunft achten, dass …?« oder »Wie könnten Sie sich zukünftig anders verhalten?« geben Sie dem Mitarbeiter die Chance, sich eigene Gedanken zu machen, um das Problem zukünf-

tig zu vermeiden. Reagieren Sie an dieser Stelle wie auch in allen Bereichen eines Kritikgesprächs offen auf Einwände. Einwände sind zunächst einmal nur Gesprächsbeiträge und dienen als Diskussionsgrundlage. Seien Sie geradezu misstrauisch bei Mitarbeitern, die Kritik stumm entgegennehmen. Oft denken diese: »Lass den nur mal reden, ich mache das dann eh, wie ich will …«

Kritisieren Sie offen und unmittelbar, aber niemals vor Dritten. Stehen Sie zu Ihrer Kritik. Und respektieren Sie Ihr Gegenüber und damit den Kritisierten, egal was vorgefallen ist, immer als Menschen. Wenn Sie diese Punkte berücksichtigen, wird auch ein Kritikgespräch ein Gespräch sein, an dem beide Parteien wachsen.

Kritik am Vorgesetzten

Die Literatur geht in den meisten Fällen davon aus, dass Kritik immer von oben nach unten geäußert wird. Dabei wäre es doch auch einmal spannend, zu beobachten, wie sich Führungskräfte und Vorgesetzte bei Kritik verhalten. Eigentlich müssten diese ja kritikfähig sein, erwarten sie dies doch auch von ihren Mitarbeiten. In vielen Fällen ist wohl eher das Gegenteil der Fall. Führungskräfte scheuen sich davor, sich der Kritik der Mitarbeiter zu stellen – aus Angst, sich mit sich selbst beschäftigen zu müssen. Oder sie meinen, dies doch nicht mehr nötig zu haben.

Einige Unternehmen jedoch arbeiten mit einem offenen Feedback-System in alle Richtungen. Dort stehen Mitarbeiter genauso in der Kritik wie Führungskräfte, Abteilungsleiter, ja selbst der Unternehmer. Dadurch fördern sie einen sehr offenen und auch positiven Umgang mit konstruktiver Kritik. Es geht nie um den Menschen, sondern immer um die Sache – um den Erhalt der einzelnen Abteilungen, um die Sicherung eines jeden Arbeitsplatzes, um den Erfolg des Unternehmens.

Zwischen Tadel und Lob

Lob und Tadel sind wichtige Kommunikationsmittel in der Führung. Wichtig ist nur, beides behutsam und strategisch wirkungsvoll einzusetzen. Alfred Mohler hat in seinem Buch *Die 100 Gesetze erfolgreicher Mitarbeiterführung* ein Kapitel genau diesem Thema gewidmet. Hier ein paar Auszüge mit freien Kommentaren:

Nur wer auch sieht und sagt, was richtig ist, hat auch das Recht zu sagen, was falsch ist.

Mit der Einstellung »Solange ich nichts sage, ist alles ist Ordnung« ist es nicht getan. Wenn eine Führungskraft sieht, dass ein Mitarbeiter etwas gut macht, muss er das auch klar und deutlich sagen.

Tadel soll zu besseren Leistungen ermuntern.

Vorgesetzte, die die Maxime verfolgen, nicht getadelt ist genug gelobt, könnten ihre Führungsaufgabe sicher besser erfüllen. Tadel oder konstruktive Kritik sind wichtige Bestandteile, damit sich Mitarbeiter weiterentwickeln können. Tadel nur um des Tadelns willen ist keine geeignete Strategie, vor allem keine aufbauende. Entmutigen Sie also Ihre Mitarbeiter nicht, sondern ermuntern Sie diese, durch Tadel die eigenen Leistungen zu verbessern, und bedenken Sie dabei die klugen Worte Goethes: »Lehre tut viel, aber Aufmunterung tut alles.«

Mit Lob und Tadel, Fehlern und wie man daraus lernt, beschäftigt sich auch Vera F. Birkenbihl in ihrem Buch *Warum wir andere in die Pfanne hauen …* An dieser Stelle möchte ich Ihnen das Fallbeispiel »Der Millionenschaden« nach Dale Carnegie vorstellen:

Stellen Sie sich den Ober-Boss eines großen Unternehmens vor. Ein neuer Manager hatte sich einen Fehler geleistet, der die Firma über eine Million Dollar kostete. (Die Geschichte geschah vor Jahrzehnten; heute entspräche diese Summe einigen Millionen Dollar!) Nun wird unser Manager zum großen Boss gerufen, um die leidige Angelegenheit zu besprechen. Er tritt ein und der Unternehmer bittet ihn, sich zu setzen. Er setzt sich auf die vorderste Stuhlkante (das heißt, er nimmt die so genannte Fluchthaltung ein) und sagt: »Ich nehme an, Sie wollen mich jetzt feuern?« Da antwortet der große Boss ... (Bitte überlegen Sie kurz, was die Chefs in Ihrer Vergangenheit mit Ihnen angestellt hätten, ehe Sie weiterlesen.)
Also, der große Boss sagt: »Wieso sollte ich Sie jetzt rauswerfen, wo wir doch gerade eine Million Dollar in Ihre Ausbildung investiert haben!«

Auch dieser Konzernchef könnte ein Modell für Ihre Zukunft werden. Denken Sie an diese Story, wenn Sie meckern wollen, weil jemand einen 100-Euro-Fehler gemacht hat! Denken Sie an diesen Boss, wenn Sie jemanden in die Pfanne hauen wollen, dessen Fehler Sie 1000 Euro kostet! Denken Sie immer daran, ehe Sie kritisieren. Denn diese Story lehrt uns etwas ganz Wichtiges: Jeder Fehler enthält eine eingebaute Lehre

Natürlich zahlen wir manchmal Lehrgeld (im Wortsinn!), aber die Ausgabe ist weise investiert, vorausgesetzt, wir ziehen die Lehre! Wenn wir bereit sind, Hunderte von Euro für ein Seminar auszugeben, warum werden wir dann geizig, wenn ein 60-Euro-Fehler uns helfen kann, ähnliche oder sogar schlimmere Pannen in Zukunft zu vermeiden? Ein teurer Berater vermittelt uns wertvolle Einsichten. Prima. Aber hätten wir nicht einen Teil dieser Gedanken alleine lernen können, wenn wir aus den Fehlern der Vergangenheit Lehren gezogen hätten?

Ich erlebe es immer wieder, dass die Einsichten, die ich meinen Kunden »vermitteln« will, den Betroffenen sehr schnell einleuchten, eben weil sie es »tief drinnen« eigentlich schon wissen! Trotzdem weigern sie sich oft, dieses »Wissen« an die Oberfläche zu bringen. Das geht nur mit bewusster Reflexion, indem man sich mit den Fehlern und Problemen – vor allem den regelmäßig auftauchenden – bewusst auseinander setzt.
Wenn mir ein Chef erzählt, seine Mitarbeiterinnen würden ihn zu oft »missverstehen« – was glauben Sie, wo die Ursache zu suchen ist? Eben! Ihnen – als unbeteiligtem Dritten – leuchtet der Gedanke sicher ein, auf diesen Chef bezogen. Aber wie steht es mit Ihnen? Worüber stolpern Sie regelmäßig? Welche Art von Kritik glauben Sie regelmäßig üben zu »müssen«?
Man kann das »Lehrgeld« aus den Fehlern der Vergangenheit nur dann in die Zukunft investieren, wenn man gelernt hat, mit den Fehlern der Mitmenschen weise umzugehen: Wenn man gute Modelle hat, die man imitieren kann, und wenn unser Selbstwertgefühl stabil genug ist, dass wir bei Pannen souverän reagieren können. Und gerade hier liegt oft der Knackpunkt!*
Natürlich ist es nicht immer leicht, ein Gespräch zu führen, das sich mit Fehlern beschäftigen muss. Und doch sind es gerade diese Gespräche, die – vorausgesetzt, sie sind richtig vorbereitet und werden auf einer menschlichen Ebene geführt – die beiden Seiten weiterbringen. Den einen, weil er in einem solchen Gespräch sehr viel lernen kann, und den anderen, weil er eine Chance erhält, das Geschehen wieder gutzumachen. Viel leichter fallen da schon Gespräche, die aufgrund einer außergewöhnlichen Leistung geführt werden.

* Vgl. Vera F. Birkenbihl: Warum wir andere in die Pfanne hauen …

Das Anerkennungsgespräch

Es gibt viele Menschen, die können mit Lob so gar nichts anfangen. Das ist wie bei Frauen, denen man(n) ein Kompliment »Sie sehen heute wirklich fantastisch aus!« ausspricht und die dieses gleich wieder zunichte machen, indem sie sagen: »Ach, ich habe heute wirklich nicht gut geschlafen und das Kostüm ist auch noch von der letzten Saison!« Genauso passiert es oft, wenn jemand ein Lob erhält: »Ach, das war doch nicht der Rede wert!« »Das war doch eine Leistung unseres Teams« (besonders bei Frauen ist diese »Ausrede« besonders beliebt). Wie steht es bei Ihnen? Hören Sie lieber Kritik oder erhalten Sie lieber ein Lob? Im Allgemeinen können viele Menschen mit beidem nicht besonders gut umgehen. Bei Kritik fühlen sie sich gleich persönlich angegriffen und reagieren entsprechend angriffslustig und bei Lob schwächen sie sofort ab: »Ach, das war doch selbstverständlich. Das liegt doch in meinem Aufgabenbereich.« Probieren Sie doch einfach mal Folgendes: Bei der nächsten sachlichen Kritik halten Sie inne und überlegen, was dieser Mensch Ihnen durch die Kritik sagen will. Und auf ein Lob sagen Sie einfach nur »Danke!«.

Umgekehrt tun sich auch viele Führungskräfte schwer damit, Anerkennungsgespräche zu führen und Lob aussprechen. Da wird zwischen Tür und Angel gesagt: »Mensch, Meier, das war ja eine Glanzleistung« und schon ist man wieder raus aus der Tür. Ein lapidares Schulterklopfen und »Gut gemacht, Frau Müller« kann es wohl auch nicht sein. Annerkennungsgespräche oder ein Lob am Arbeitsplatz bedürfen gewisser Vorbereitung, damit der Mitarbeiter auch etwas davon hat und eine emotionale Wirkung erzeugt wird. Dadurch wird selbstverständlich auch ein positiver Nebeneffekt für das Unternehmen erzielt: eine höhere Motivation des Mitarbeiters und bei einem Lob vor Kollegen natürlich auch im beruflichen Umfeld. Viele Vorgesetzte erhalten zwar oft eine Schulung, wie sie effektiv mit Konflikten oder Kritik umgehen, eher selten jedoch Training im Umgang mit Lob und Anerkennung. Nach Rolf H. Ruhleder, *Rhetorik und Dialektik* (S. 214), durchläuft das Anerkennungsgespräch sechs Phasen:

1. Begrüßungs- und Kontaktphase (Positive Ansprache)
2. Sachverhalt lobend darstellen
3. Darstellung der Mitarbeiter anhören
4. Anerkennung klar und deutlich aussprechen
5. Mögliche positive Perspektiven deutlich aufzeigen
6. Verabschiedung mit positivem Abschluss

Menschen müssen damit umgehen lernen, zu loben und Lob anzunehmen. Beides macht unser tägliches Miteinander angenehmer und fördert auch die Kommunikationsbereitschaft. Schließlich gibt es doch nichts Besseres, als gemeinsam über etwas Schönes = Lob und gute Arbeit zu sprechen. Also legen Sie einfach los und nehmen Sie sich am besten vor, jeden Tag aufrichtige Anerkennung auszusprechen. Sie werden merken, dass diese Anerkennung zu Ihnen zurückkommt.

Statt platter Lobreden aufrichtige Anerkennung

Was Sie unbedingt vermeiden sollten, ist, standardisiertes Lob auszusprechen und nur Anerkennung zu geben, weil es heute eben auf Ihrem Plan steht. In seinem Buch *Überzeugend argumentieren* empfiehlt J. Michael Baerwald folgende Vorüberlegungen:

1. Weshalb lobe ich? Wegen der Leistung, des guten Verhaltens, der Freundlichkeit wegen?
2. Wen will ich loben? Nur jemanden, den ich gut leiden kann? Oder jemanden, der mir eher gleichgültig ist, jedoch Nutzen erwirtschaftet?
3. Wie lobe ich? Durch Worte? Durch Taten?
4. Wo lobe ich? Vor Kollegen? In meinem Büro unter vier Augen?
5. Wann will ich jemanden loben? Unmittelbar nach der Ursache, die das Lob verdient? Oder erst nach einer gewissen Zeit des Abwartens?

Achten Sie in jedem Fall bitte darauf, dass Sie durch ein so leicht dahingesagtes »... aber« Ihr Lob nicht gleich wieder kaputtmachen. Alles Einschränkende lassen Sie besser weg. Wenn Sie »von den Socken sind«, dann bringen Sie das auch zum Ausdruck, sofort und ohne Umwege. Und wenn Sie einen Mitarbeiter bereits seit längerem beobachten und dessen kontinuierliches Wachstum Sie begeistert, dann bitten Sie ihn vielleicht besser zu einem kurzen Gespräch. Mit etwas Intuition gelingen Ihnen erstklassige Anerkennungsgespräche und auch das spontane Lob kommt Ihnen offen und ehrlich über die Lippen und beides kommt entsprechend bei dem Empfänger an. Ich möchte dazu nochmals kurz J. Michael Baerwald frei zitieren:

1. Lob darf kein Perpetuum mobile sein. Lob muss bewegt sein, soll es etwas bewegen.
2. Lob dient dazu, jemanden für etwas auszuzeichnen und zugleich zu motivieren, in der Anstrengung nicht nachzulassen.
3. Lob trägt den Erfolg bereits in sich. Es liefert akkurat die erforderliche Energie, damit jemand sich wohl fühlt und gewürdigt weiß.

Lob und Anerkennung als Holschuld

Haben Sie sich nicht auch schon einmal gedacht: »Mensch, das habe ich wirklich großartig hingekriegt. Wenn das nur mein Chef wüsste!« Aber er hat es nie erfahren. Dann sagen Sie es ihm das nächste Mal einfach. Die Mund-zu-Mund-Propaganda funktioniert in einem Unternehmen meist bestens, wenn es darum geht »Wer mit wem …«, aber sicherlich nicht so gut, wenn es darum geht, herumzuerzählen, wie »gut« jemand (sofern derjenige es nicht selbst ist!) ist oder wie perfekt dadurch das Projekt gelaufen ist. Als oberster Grundsatz für Manager oder Unternehmer gilt: Loben Sie sich selbst und beglückwünschen Sie sich für herausragende Leistungen. Und das Beste ist: Sie machen es wirklich, weil oft keine Instanz mehr vorhanden ist, die ein Lob aussprechen könnte.

Wenn Sie also das nächste Mal einen grandiosen Abschluss getätigt haben oder Ihnen etwas wirklich Außergewöhnliches gelungen ist, dann bringen Sie dies gegenüber Ihrem Vorgesetzten zur Sprache. Setzen Sie ihn in Kenntnis über Ihre Fähigkeiten. Sie können dabei ruhig auch einmal erzählen, welch große Anstrengungen es gekostet hat, dies (zum Wohle des Unternehmens) zustande zu bringen, indem Sie zum Beispiel formulieren:

- »Das war eine harte Nuss. Ich wollte es Ihnen zuerst sagen: Heute Morgen hat die Firma Meier & Co. endlich den großen Auftrag unterschrieben, an dem ich schon seit einem halben Jahr dran bin.«
- Oder: »Der Termin in München war rundum gelungen. Nicht nur, dass ich einen Neukunden für uns gewinnen konnte. Da ich ja bis spät in die Nacht unterwegs war und das Flugzeug Verspätung hatte, habe ich beim Warten in der Lounge auch noch einen neuen Geschäftskontakt aufbauen können. Schon nächste Woche treffe ich mich mit Herrn Probst von der Firma Müller & Söhne in seinem Werk in Erlangen.«

Sie merken schon: Nur darauf zu warten, dass andere unsere Leistung schätzen und uns durch Lob und Anerkennung motivieren, damit ist es nicht getan. Gehen Sie die Sache aktiv an und zeigen Sie so Ihrem Vorgesetzten, wie engagiert Sie sind. Nur wer sein Wissen, Können und Tun gekonnt präsentiert, wird auch erfolgreich sein.
Auf den letzten Seiten haben Sie viel erfahren zu den Themen Kritik, Konflikte oder Belobigung, Beurteilung oder Anerkennung. Gespräche können »schwere« Inhalte haben, beiden Seiten Spaß machen oder einfach nur dazu dienen, dass zwei Menschen miteinander kommunizieren. In jedem Fall sollten Sie sich eines klar machen: Es liegt nur an Ihnen, ob Gespräche gelingen, ob Sie Ihr Ziel erreichen und dabei auch den Wert des anderen Menschen schätzen. Besonders macht sich dies bei Ablehnungsgesprächen bezahlt, wie Sie gleichl erfahren werden.

Forderungen ablehnen

Als Führungskraft kennen Sie sicher die Situation: Ein Mitarbeiter kommt zu Ihnen und stellt eine Forderung. Ob es nun die Woche Urlaub in der Hauptsaison oder das höhere Gehalt bei mäßiger Leistung ist – Ihnen bleibt zum Wohl des Unternehmens nur eine Möglichkeit: Sie müssen die Forderung ablehnen. Aber das Wie ist entscheidend. Denn mit einem einfachen Nein geben sich die meisten Mitarbeiter nicht zufrieden. Zumindest sind sie langfristig keine glücklichen Mitarbeiter. Sie bestehen natürlich auf ihren Forderungen, sonst hätten sie diese wohl erst gar nicht ausgesprochen. Vielleicht drängt die Freundin, endlich wieder einmal ein paar Tage gemeinsam zu verreisen. Oder die Frau klagt, weil die Schuhe für die Kinder immer teurer werden und die vielen Überstunden sich doch auch einmal bezahlt machen müssen. Ihre Mitarbeiter wollen vielleicht auch nur eine sinnvolle Begründung, aus welchen Gründen Sie die Forderung nicht erfüllen können.

Mit Worten »in den Arm nehmen«

Wie lehnen Sie also die Forderung ab, ohne den Menschen mit seinen Bedürfnissen zu verletzen, zu kränken und dadurch zu demotivieren? Sie müssen Ihren Gesprächspartner einfach mit Ihren Worten und Erklärungen »in den Arm nehmen«. Streicheln Sie ihn gleich zu Beginn Ihres Gesprächs, finden Sie einen guten Grund, ihn zu loben. Tun Sie dies bitte rund um die Tatsache, dass Sie seine Forderung ablehnen müssen. Sie bleiben also in der Sache (aus berechtigten Gründen, die Sie ihm natürlich auch mitteilen) hart, sind jedoch »weich« zum Menschen. Konsequent bieten Sie eine Alternative an und schätzen somit die Bedürfnisse und Wünsche Ihres Mitarbeiters.

Jeder Mensch ist vernünftigen Argumenten zugänglich, vorausgesetzt, diese werden ihm entsprechend vermittelt. Wenn es nun einmal unmöglich ist, gerade in dieser einen Woche Urlaub zu machen, weil ein großer Auftrag ansteht, geht es ja vielleicht auch eine Woche später. Natürlich müssen Schulferien berücksichtigt werden, aber der schönste Urlaub ist nicht erholsam, wenn dadurch der Arbeitsplatz gefährdet wird. Aber schließlich ist dies ja nicht immer der Fall. Sollte dies so sein, fühlt sich natürlich der Mitarbeiter nicht ernst genommen und Sie sollten überlegen, ob Ihre Strategie der Mitarbeiterführung wirklich förderlich ist. Lehnen Sie einmal einen Urlaub aus berechtigten Gründen ab, kann der Mitarbeiter dies, wenn auch manchmal nur sehr schwer, doch verstehen und damit umgehen. Geben Sie ihm gute Argumente mit auf den Weg, vielleicht braucht er diese, um die Entscheidung auch gegenüber seiner Liebsten zu begründen.

Die Forderung abwenden – sich dem Menschen zuwenden

Vielleicht kommt auch einmal ein Mitarbeiter zu Ihnen mit dem Wunsch, nach dem Ausscheiden eines anderen Mitarbeiters dessen Aufgabengebiet zu übernehmen. Sie wissen genau, dass er dies aufgrund seiner momentanen Qualifikation nicht (gut) leisten kann. Natürlich schätzen Sie sein Engagement und seinen Leistungswillen, sein Angebot macht jedoch nur Sinn, wenn dann auch das Ergebnis stimmt. Sie müssen ihm also klar machen, dass seine Forderung zwar lobenswert ist, er jedoch, um die Aufgabe zu meistern, entsprechende Qualifikationen braucht. Ein guter Vorschlag wäre zum Beispiel, dass Sie ihn unterstützen, diese durch geeignete Fortbildungsmaßnahmen zu erhalten. Vielleicht schließen Sie mit ihm auch einen Kompromiss, dass diese Stelle nur vorübergehend besetzt wird und er eine erneute Chance erhält, sobald er das fachliche Niveau erreicht hat.

Es ist nicht einfach, eine Forderung konsequent und in den meisten Fällen auch zum Wohle aller Beteiligten abzulehnen. Gleichzeitig erfolgt aber auch eine Hin- oder Zuwendung zum Menschen, der diese Forderung stellt, zu seinen Wünschen und Bedürfnissen. Wichtig ist, eine gemeinsame Lösung zu finden, die beide Parteien akzeptieren.

Diese Grundsätze gelten natürlich nicht nur für Einzelgespräche, in denen unter vier Augen wichtige Inhalte besprochen werden. Gerade wenn es in Meetings darum geht, viele Menschen an einem Tisch bei der »Stange zu halten«, ist es hilfreich, gewisse Techniken zu kennen. Welche dies sind und wie Sie dadurch zukünftig Meetings positiv beeinflussen können, erfahren Sie auf den folgenden Seiten.

Meetings heute – Chancen und Gefahren

Ob Präsentationen, Kundengespräche oder Abteilungsbesprechungen inhouse – Meetings bergen Chancen und Gefahren. Die Chancen, durch eine effiziente Kommunikation zu einem gemeinschaftlichen Ergebnis mit konkreter Aufgabenverteilung zu kommen und das Meeting mit einem Gefühl zu verlassen: Das hat sich wirklich gelohnt! Oder die Gefahr, dass sich Menschen verzetteln, viele Themen nur angesprochen, keine klaren Abmachungen bezüglich der Umsetzung getroffen werden und sich die Teilnehmer mit dem Gefühl trennen: Die beiden Stunden hätte ich wirklich effektiver verbringen können. In Gesprächsgruppen laufen Prozesse ab, die nicht immer so ganz leicht zu durchschauen sind. Gut, wenn es zumindest einen Leiter gibt, der das Ganze moderiert. Seine Aufgabe ist, gruppendynamische Prozesse zu gestalten, die sowohl dem Thema des Meetings als auch der Eigendynamik gerecht werden. Keine leichte Aufgabe: Wo sind Befürworter, wo Gegner, welche Gruppen bilden sich? Gibt es eine Hackordnung innerhalb der Gruppe? Und das Schwierigste ist: Kaum erkennt man gewisse Gesetzmäßigkeiten, können diese beim nächsten Meeting bereits ganz anders sein.

Stellen Sie eine Verfahrensfrage

Eine besondere Gefahr bei Meetings besteht darin, dass durch Statuskämpfe wichtige Punkte »zerredet« werden. Vera F. Birkenbihl gibt in ihrem Buch *Warum wir andere in die Pfanne hauen …* (S. 71) einen entscheidenden Tipp: »Stellen Sie zunächst eine bestimmte Art von Frage, die ich als Verfahrensfrage bezeichne, das heißt, Sie stellen eine Verfahrensfrage, deren Ausgang für Sie persönlich unwichtig ist (z.B. ob man später im Haus oder im benachbarten Restaurant essen möchte). Jetzt kann es sein, dass die Gruppe vehement zu diskutieren beginnt, weil sie (zumindest heute) gruppendynamisch nicht im Reinen ist. Hätten Sie das Meeting gleich mit dem Ihnen eigentlichen Anliegen eröffnet, dann wäre dies genauso zerredet worden.«

Tipps, wie man endlose Meetings vermeidet

Wer kennt sie nicht? Die endlosen Meetings, in denen stundenlang über unterschiedlichste Themen debattiert wird, jeder zu allem »seinen Senf dazu gibt« und irgendwann das ganze »Trauerspiel« ein Ende hat, weil einer zu einem nächsten Termin muss. Dann zerstreuen sich die Teilnehmer in alle Himmelsrichtungen. Aufgaben wurden keine verteilt. Es gibt kein Protokoll oder eine Zusammenfassung der wichtigsten besprochenen (und nicht beschlossenen) Themen. Und man fragt sich, aus welchen Gründen man die letzten beiden Stunden in diesem Raum verbracht hat. Bis zum nächsten Meeting ...

Viele Meetings ziehen sich in die Länge, weil keine klaren Ziele vorgegeben sind. Ganz zu schweigen davon, dass alle Teilnehmer bereits vorab eine Liste der zu besprechenden Punkte erhalten, damit sie sich entsprechend darauf vorbereiten können. Mit diesem ersten Schritt stellen Sie sicher, dass Meetings kontrollierter ablaufen. Es gibt Tagesordnungspunkte, die der Reihe nach und möglichst in einer vorgegebenen Zeitspanne abgearbeitet werden. Es steht bereits vorher fest, wer (reihum) das Protokoll führt. Und nach jedem Punkt wird festgelegt, wer bis wann was umsetzt. Dann gehört nur noch das notwendige Fingerspitzengefühl des Moderators dazu und Meetings werden wirklich effizient.

Die richtige Teilnehmerzahl ist ebenso eine philosophische Frage wie die Sitzordnung. Hier gibt es kein richtig oder falsch. Meetings können mit vier Teilnehmern absolut chaotisch sein und mit 12 wie am Schnürchen laufen. Wichtig ist, dass jeder sein Bestes dazu tut, damit das Meeting zu einem Erfolg wird. Hierzu gehört das pünktliche Erscheinen und dass jeder zu Wort kommt, der etwas zu sagen hat. Auch wenn dies Hauptaufgabe des Moderators ist, gibt es Gruppen, die sich sehr gut selbst steuern. Machen Sie jedes Meeting zu einem positiven Gruppenerlebnis. Dann bergen Meetings mehr Chancen als Gefahren und sind ein wertvoller Bestandteil einer gemeinschaftlichen Kommunikation.

Die drei wichtigsten Aspekte für mich/mein Umsetzungsplan

1.

2.

3.

Folgende Ideen werde ich umsetzen:

Noch heute

Morgen

In der nächsten Woche

Kapitel 10: Konflikte gekonnt lösen

Angriff ist die beste Verteidigung! Angriff ist die beste Verteidigung? Wer immer nur angreift, braucht sich nicht zu wundern, wenn in seinem Leben immer Krieg herrscht. Konflikte sind an der Tagesordnung und auch die Unfähigkeit der meisten Menschen, konstruktiv mit solchen Situationen umzugehen. Angriff ist die beste Verteidigung. Diese Strategie wenden viele Menschen an, wenn es im Umfeld zu Konflikten kommt. Und es kommt dazu. Täglich in den unterschiedlichsten Bereichen. Paare lassen sich scheiden, weil sie sich nicht mehr verstehen. Kunden trennen sich von Unternehmen, weil ihre Wünsche nicht erfüllt wurden. Kollegen mobben sich, weil sie keine andere Möglichkeit haben, Konflikte zu lösen. Mitarbeiter fühlen sich von ihren Vorgesetzten unterdrückt und nicht ernst genommen. Und Vorgesetzte fühlen sich von ihren Mitarbeitern im Stich gelassen und kritisieren deren mangelndes Engagement. Alle miteinander haben nie gelernt, konstruktiv mit Konflikten umzugehen und diese gekonnt zu lösen. So zu lösen, dass der Einzelne in jedem Fall seine Meinung äußern kann und ebenso darauf achtet, dass der andere in seiner Persönlichkeit nicht unnötig verletzt wird.

Die gewaltfreie Kommunikation

Auch wenn wir es nicht bewusst tun, so kränken wir doch immer wieder unsere Gesprächspartner. Und diese uns. Wir verletzen uns gegenseitig durch das, was wir sagen und wie wir es sagen. Wenn Sie einmal Menschen in Gesprächen beobachten, werden Sie feststellen, dass es zwei Möglichkeiten gibt, miteinander umzugehen. Manchmal begegnen wir Zeitgenossen, die schon in normalen Gesprächen aggressiv wirken. Sie greifen ohne erkennbaren Grund an und verletzen ihr Gegenüber mit Worten, Gesten und ihrer ganzen Ausdrucksweise. Der leiseste Konflikt eskaliert sofort. Und dann gibt es andere Menschen, die mit einer fast schon stoischen Ruhe dem begegnen, was zwischen Menschen einfach unumgänglich ist: unterschiedliche Meinungen, verschiedene Ansichten. Diese Menschen bleiben auch in schwierigsten Gesprächssituationen einfühlsam und achten darauf, den anderen nicht zu verletzen. Nicht, dass Sie meinen, diese Menschen gingen Konflikten einfach aus dem Weg. Ganz im Gegenteil. Mit Verständnis füreinander und dem nötigen Respekt vor der Person des Gesprächspartners lassen sich Konflikte gewaltfrei lösen.

Marshall B. Rosenberg, Autor des Bestsellers *Gewaltfreie Kommunikation*, beschreibt in seinem Modell vier notwendige Schritte:

1. Beobachtungen
2. Gefühle
3. Bedürfnisse
4. Bitten

Bei den *Beobachtungen* drückt der Gesprächspartner wertneutral aus, was er beobachtet hat:

- »Schatz, mir ist aufgefallen, dass das benutzte Frühstücksgeschirr überall herumsteht, nur nicht dort, wo es sein sollte, im Geschirrspüler.«

- Oder: »Frau Meier, die Ablage bleibt immer so lange liegen, bis ich mich darum kümmere, weil die Berge sonst in den Himmel wachsen.«

Wichtig ist, dass hier nicht bereits ein »Angriff« erfolgt: »Immer lässt *du* das dreckige Geschirr überall rumstehen.« Sonst kann es leicht passieren, dass durch diese Beurteilung oder sogar Verurteilung der andere eine Abwehr- oder sogar Verteidigungshaltung einnimmt. Beides ist nicht gerade förderlich für eine gewaltfreie Kommunikation.
Nach dieser Feststellung der Tatsachen folgt der Ausdruck der *Gefühle*. Wie fühle ich mich, wenn ich dies oder jenes beobachtet habe:

- »Das macht mich wütend.«
- Oder: »Das irritiert mich.«

Statt der ansonsten vielfach folgenden Anklage: »Das macht mich wütend, weil *du* …«, kommt jetzt ein Schritt, in dem die eigenen *Bedürfnisse* formuliert werden:

- »… weil mich das dreckige Geschirr stört, ich im Haushalt Ordnung schätze und es nicht ausschließlich meine Aufgabe ist, diese Ordnung herzustellen.«
- Oder:»… weil die Ablage doch in das Aufgabengebiet von uns beiden fällt und mir die Arbeitszeit in anderen Bereichen fehlt.«

Jetzt kommt die Aufforderung an den Gesprächspartner in Form einer *Bitte:*

- »Würdest du bitte dein benutztes Frühstücksgeschirr immer gleich in den Geschirrspüler stellen.«
- Oder: »Würden Sie sich bitte regelmäßig um die Ablage kümmern. Was halten Sie davon, wenn jeder von uns 14-tägig diese Aufgabe erledigt?«

Der wichtigste Aspekt dieses Modells ist, dass wir lernen, unsere Gefühle auszudrücken und zugleich dem anderen zuzuhören. Wir drücken offen und ehrlich aus, was wir beobachten, wie wir uns dabei fühlen und was der andere dazu beitragen kann, um unsere Lebensumstände zu verbessern. Und wir sind ebenso dazu bereit, dem anderen zuzuhören und durch ein anderes Handeln dessen Lebensumstände zu verbessern. Von gegenseitigen Anschuldigungen sind wir meilenweit entfernt. Wir lernen, uns gegenseitig zu schätzen und dem anderen bei seinen Handlungen keine böse Absicht zu unterstellen. Wir verbessern unser Einfühlungsvermögen und haben dadurch die Möglichkeit, uns gegenseitig das Leben leichter zu machen.

Die Macht der Gefühle – Gefühle wahrnehmen und äußern

Das richtige Maß der Gefühle zu finden ist nicht immer leicht. Und damit ist nicht gemeint, ob man sein Gegenüber nun liebt, mag oder keines von beiden. Gefühle spielen bei Konflikten eine große Rolle. Und auch dabei, sie für beide Seiten erfolgreich zu lösen. Gefühle können einem Menschen den Verstand rauben, können ihn »blind vor Wut« machen oder ihn »auf Wolke sieben« schweben lassen. Je nachdem, wie unser Gefühlszustand ist, gehen wir auch anders mit Konfliktsituationen um. Sind wir frisch verliebt, kann uns auch so manches harte Wort unseres Gegenübers nicht treffen und wir sehen über vermeintliche Angriffe hinweg. Hatten wir allerdings Streit mit unserem Partner, ist die Gefahr wesentlich größer, dass ein Gespräch, welcher Art auch immer, nicht so einfach verläuft. Umso wichtiger ist es für uns, Gefühle bei unserem Gesprächspartner genau wahrzunehmen und unsere Gefühle, bevor ein Gespräch eskaliert, lieber einmal mehr zu äußern.

Von Werten und Überzeugungen

Unsere Gefühle sind stark mit unseren Werten und Überzeugungen verbunden. Stellen Sie sich einmal folgende Situation

vor: Zwei Sekretärinnen teilen sich die Schreibarbeit eines Unternehmers. Beide sind sehr aktiv und es gibt im normalen Ablauf keine größeren Reibereien. Das einzige Ärgernis: Jeden Freitagmittag verlässt eine der beiden Damen pünktlich um 12:00 Uhr das Büro. Sie ist der Meinung, irgendwann muss Schluss sein, sonst könnte man ja das ganze Wochenende arbeiten, denn zu tun gäbe es schließlich immer etwas. Außerdem ist ihr die Familie sehr wichtig und sie holt immer am Freitag ihren Sohn um 12:30 Uhr von der Schule ab. Nicht so die zweite Sekretärin: Bei ihr wird es am Freitag meist später, weil der Chef noch ganz dringend einen Brief diktieren will, er noch ein Projekt zu besprechen hat oder ganz einfach will, dass jemand da ist, der ihm Kaffee kocht. Meist verlässt sie das Büro erst gegen 16:00 Uhr. Sie hat keine Familie und hofft, dass sich ihr Engagement schon irgendwann bezahlt macht. Und doch ist sie jeden Freitag sauer, weil das wieder an ihr hängen geblieben ist und sie der Meinung ist, dass »die andere« ruhig am Freitag auch einmal Dienst tun könnte.
Da prallen Welten aufeinander. Welten und Menschen mit unterschiedlichen Werten (Familie kontra Karriere) und Überzeugungen (»Irgendwann muss Schluss sein!« kontra »Da muss man halt durch!«). Damit der Konflikt nicht eskaliert, muss so schnell wie möglich eine Aussprache herbeigeführt werden. Vielleicht ist der ersten Dame gar nicht bewusst, wie lange die zweite immer noch im Büro ist, und glaubt, dass diese durch ihr Engagement ihre Karriere fördern will, die ihr persönlich nicht so wichtig ist. Gefühle müssen angesprochen und dem Gesprächspartner auch die dahinter liegenden Werte vermittelt werden. Nur so wissen Menschen, was in ihren Partnern, Kollegen, Mitarbeitern oder Vorgesetzten vorgeht. Und eine Lösung findet sich in jedem Fall. Vielleicht möchte ja die zweite Sekretärin dafür, dass sie am Freitag immer so lange da ist, am Montag etwas später kommen. Das würde ihr die Möglichkeit geben, ihrem geliebten Sport in aller Ruhe nachzugehen. Auf jeden Fall können Menschen auf längere

Zeit nur dann erfolgreich zusammenleben oder -arbeiten, wenn keine ungelösten Konflikte oder Gefühle das Klima vergiften. Und erfolgreich ausgetragene Konflikte wirken meistens wie ein reinigender Gewitterregen, der allen Staub von den Seelen der Menschen wäscht und beide Gesprächspartner wieder tief und befreit durchatmen lässt.

Es gibt Tage ...

... da klappt einfach alles. Tage des Glücks und der Zuversicht, man könne wirklich alles schaffen. Schon morgens schaffen Sie den Sprung aus dem Bett mit einer Traumnote, auf dem Weg zur Arbeit ist die »Bahn frei«. Im Büro fallen Ihnen die kreativsten Ideen ein, Ihr Chef lobt Sie vor versammelter Mannschaft und zu Hause wartet die/der Liebste mit einem verführerischen »Menü« auf Sie ... Sicher kennen auch Sie solche Tage. Nutzen Sie diese positiven Gefühle. Der Psychologe und Kreativitätsforscher Mihaly Csikszentmihalyi hat für diesen Zustand den Begriff des Flow kreiert. Genießen Sie diesen Zustand. Denn es kommen auch wieder andere Tage.. Tage, an denen Sie schon mit dem »linken Bein« aufstehen, an denen nichts, aber auch wirklich nichts klappt. Alles geht schief – es ist schier zum Verzweifeln. Ein weiser Mann sagte einmal: »Mach dir den Tag doch niemals schwerer, ist er nicht Freund, so ist er Lehrer.«
Gefühle spielen eine große Rolle im Umgang miteinander. Sie führen ein und dasselbe Gespräch anders, wenn Sie »gut drauf sind« oder eher einen »schlechten Tag« haben. Das Beste daran aber ist, dass Sie es zu einem Großteil selbst entscheiden können, ob ein Tag zum großen Tag Ihres Lebens wird, ob Sie erfolgreiche Stunden genießen oder mit »Gott und der Welt« im Clinch liegen. Natürlich bringt es nicht viel, immer alles durch die rosarote Brille zu sehen. Allerdings schadet etwas Optimismus gerade in schlechteren Zeiten noch viel weniger. Machen Sie einfach das Beste aus jedem Tag, jeder Situation und jedem Gespräch, dann klappt's auch mit den anderen Menschen!

Gefühle managen – die eigenen und die der anderen

Die eigenen Gefühle sind Ihnen relativ bekannt. Sie wissen, ob es Ihnen gut geht oder eher nicht. Wie das Gefühl auch ausfällt, Sie haben immer noch die Chance, mit diesem Gefühl richtig umzugehen, zum Beispiel indem Sie erst einmal erkennen, dass alle Gefühle ihre Daseinsberechtigung haben. Negative Gefühle sind genauso wichtig und gut wie positive Gefühle. Ich verrate Ihnen auch gleich, warum dies so ist. Welches Gefühl Sie auch immer haben, es ist ein Signal an Ihren Körper, etwas zu tun. Stellen Sie sich einmal vor, Sie haben einen Kollegen und mit diesem kommen Sie so gar nicht klar. Immer, wenn Sie näher mit ihm zu tun haben, stellen sich Ihre Nackenhaare auf und Sie bekommen so ein ungutes Gefühl. Dieses für Sie negative Gefühl sagt Ihnen nur eines: Entweder du verhältst dich still oder tust endlich etwas.

Jammern gilt nicht, wenn Sie nichts dazu tun, dieses Gefühl zu verändern. Schließlich haben Sie es in der Hand und müssen nicht tatenlos zusehen. Suchen Sie ein klärendes Gespräch, in dem Sie darlegen, wie Sie die Situation sehen. Und gestehen Sie das auch Ihrem Gesprächspartner zu. Dann werden Sie vielleicht feststellen, dass Sie eine völlig falsche Meinung über diesen Menschen hatten. Und dies nur, weil Sie ihn von Anfang an in eine Schublade gesteckt haben. Oder Ihre Meinung bestätigt sich, dann sollten Sie, sofern Sie mit ihm zusammenarbeiten müssen, für sich einen Weg finden, das Ganze weniger emotional anzugehen. Eines steht fest: Wenn der Schmerz oder innere Druck groß genug ist, werden Sie automatisch handeln. Je mehr Sie sich über etwas ärgern, umso größer ist die Chance, dass Sie aktiv werden und Energie darauf verwenden, Abhilfe zu schaffen. Negative Gefühle sind also gar nicht so negativ, denn sie bewirken, dass Sie etwas verändern, was offensichtlich nicht gut für Sie ist.

Doch was tun wir mit den Gefühlen anderer Menschen? Auf die können wir nur bedingt einwirken. Für viele Menschen ist es sehr schwierig, die Gefühle von Gesprächspartnern einzuordnen. Noch dazu, wenn es Menschen sind, die ihre Gefühle nicht so leicht nach außen zeigen. Es gehört schon eine Menge Fingerspitzengefühl dazu, die Gefühle anderer wahrzunehmen und dementsprechend zu kommunizieren. Gehen Sie auf andere Menschen ein, indem Sie aufmerksam zuhören und manchmal sogar »zwischen den Zeilen hören«. Wenn Sie eine größere Gesprächsrunde leiten, dann gehört zu Ihren Aufgaben als Moderator, dass Sie zum Beispiel die etwas stilleren Teilnehmer aufmuntern, sich zu beteiligen, und umgekehrt diejenigen, die kaum aufzuhalten sind, etwas bremsen. Kultivieren Sie Ihre Fähigkeiten, Stimmungen wahrzunehmen. Nichts hilft Ihnen mehr dabei, jede Art von Gesprächen, auch kritische, exzellent zu meistern.

Offen statt gefangen in alten Mustern

Jeder Mensch ist verfangen in Mustern. Muster, die einem die Umwelt förmlich eintätowiert hat. Muster von Eltern, Lehrern, Vorgesetzten, die uns in unserem Entwicklungsprozess ein Stück begleitet und, wenn auch nicht immer absichtlich, geprägt haben. Derartige Muster sind tief in uns verwurzelt und beeinflussen auch unsere Kommunikation mit anderen Menschen. Wie wir in der Geschichte der beiden Sekretärinnen erfahren haben, tut es gut und Not, sich von diesen Mustern zu befreien. Zumindest sollte man sie kennen. Denn nur dann kann man offen mit den eigenen Mustern umgehen und auch anderen Menschen ihre Muster zugestehen. Es gibt einen sehr schönen Satz bei den Indianern: Bevor du dir ein Urteil über einen anderen Menschen erlaubst, solltest du erst einmal ein paar Kilometer in dessen Mokassins gewandert sein.

Diese Offenheit ermöglicht ein kommunikatives Miteinander, in dem sich Konflikte nicht nur austragen lassen, sondern eine Beziehung sogar noch vertiefen.

Aus Spannung erwächst Kreativität

Machen Sie sich bewusst, was für Sie Konflikte bedeuten. Lieben Sie es harmonisch oder lieben Sie spannungsreiche Konflikte? Aus Konflikten, die offen angesprochen und gelöst werden, kann sehr viel kreatives Potenzial entstehen. Mehr in jedem Fall, als wenn jeder immer gleich mit allem einverstanden ist. Diese vermeintliche Ruhe kann einem manchmal sogar den letzten Nerv rauben – und passiert dann irgendwann auch nur die klitzekleinste Kleinigkeit, explodiert man und holt oft aus der hintersten Schublade alle Punkte, die bislang unausgesprochen geblieben sind.

Konflikte sind sinnvoll, vorausgesetzt, man geht offen mit ihnen um, statt in alten Mustern verfangen zu bleiben. Kein Mensch gleicht dem anderen, äußerlich wie innerlich, mit all seinen Gedanken, Meinungen, Werten und Gefühlen. Konflikte sind also etwas Natürliches, Selbstverständliches und haben vor allem auch eine sinnvolle Funktion: die Auseinandersetzung mit unterschiedlichen Standpunkten, Meinungen und Vorgehensweisen.

Die Steinzeit ruft

Wie in der Steinzeit bleibt Ihnen in einer Konfliktsituation immer die persönliche Entscheidung: Flucht oder Kampf?! Laufen Sie davon, kündigen Sie, wenn nicht alles sofort nach Ihren Vorstellungen läuft – oder kämpfen Sie lieber, führen Sie Krieg mit Worten (und Taten)? Natürlich ist das auch eine Art, mit Konflikten und konfliktträchtigen Situationen umzugehen. Die Frage ist allerdings, wie effektiv dieses Vorgehen (für Sie) ist. Davonlaufen war noch nie eine Lösung – die Probleme holen Sie meist schneller ein, als Sie denken. Vielleicht sollten Sie sich da lieber einmal mit sich selbst auseinander setzen. Und im Krieg gibt es immer Verwundete, bei den Siegern genauso wie bei den Verlierern. Und nicht immer werden Sie als Sieger auch glücklich sein, wenn Sie auf Ihrem Weg nur Verlierer »hinter sich lassen«. Beide Strategien sind auf Dauer sehr anstrengend.

Was bleibt, ist der konstruktive Umgang mit Konflikten. Durch sinnvolle Gespräche lässt sich oft eine Lösung finden. Allerdings sind manchmal die Fronten bereits so verhärtet, dass die Konfliktparteien es alleine nicht mehr schaffen, einen Kompromiss einzugehen. Könnte man immer alles nur rational betrachten, wäre ein Konflikt jederzeit lösbar. Spielen allerdings Emotionen eine Rolle, und bei welchem Konflikt ist dies nicht der Fall, ist die Sache etwas komplizierter. Oft wird dann sogar ein Außenstehender dazu gebeten, um sozusagen als neutrale Instanz einen Kompromiss oder Konsens zu erzielen. Solche unabhängigen Schiedsrichter werden auch Mediatoren genannt. Sie stellen meist viele Fragen und bringen so die zwei Konfliktparteien gezielt dazu, das Geschehen zu reflektieren. Im Idealfall geschieht dies sogar dadurch, dass sich jeder einmal »auf den Stuhl des anderen setzt« und sozusagen von dessen Warte aus das Geschehen kommentiert. Durch diesen Rollenwechsel wird manchem sehr schnell klar, dass man die ganze Situation auch ganz anders betrachten kann. Und alleine diese Einsicht entschärft den Konflikt bereits etwas. Oft sprechen ab diesem Zeitpunkt verfeindete Menschen sogar wieder miteinander – ein erster Schritt aufeinander zu und in Richtung Konfliktlösung.

Empathie und emotionale Intelligenz

Je mehr Menschen einander zuhören, umso besser kommunizieren sie. Das klingt vielleicht nicht logisch. Aber viel wichtiger, als immer nur mit Worten um sich zu werfen und zu meinen, alles kommentieren zu müssen, ist es, auch einmal nur zuzuhören. Dieses Zuhören ist deshalb so wichtig, weil dadurch Empathie entsteht. Empathie kommt aus dem Englischen (empathy) und bedeutet so viel wie Einfühlungsvermögen. Die Empathie bezeichnet also die Fähigkeit, sich in andere Menschen einzufühlen, deren Weltanschauung wertneutral aufzunehmen und in die eigene Vorstellung aufzunehmen.

Empathie ermöglicht jedoch nicht nur, dass wir sozusagen in andere Welten eintauchen, sondern auch, dass wir unsere eigene Welt einmal mit anderen Augen sehen. Es gibt nun einmal keine allgemein gültige Wahrheit. Es gibt sehr wohl allgemein gültige Regeln und von der Gesellschaft geforderte Werte und Normen – und doch können diese unterschiedlich interpretiert werden.

Einfach nur zuhören

Wir Menschen neigen dazu, immer eine Antwort zu wissen, immer eine Lösung parat zu haben. Kinder sind da wunderbare Lehrmeister: »Selber!«, »Alleine machen!«, »Kann ich schon!« und täglich tausend Fragen beweisen, dass Kinder alles erfahren, entdecken und ausprobieren wollen. Auch wenn wir Erwachsenen das nicht so sehen. Wir neigen dazu, Kindern alles abzunehmen, weil wir es schließlich besser wissen. Weil wir die Erfahrung haben, wie es richtig geht. Weil wir es schneller können. Dabei wollen Kinder einfach nur ihren eigenen Weg finden. Genauso ist es mit dem Zuhören.

Wenn ein Mitarbeiter zu einem Vorgesetzten kommt, um ein Problem mit ihm zu besprechen, dann will er in den seltensten Fällen gleich eine Lösung, »So habe ich das früher gemacht …«, präsentiert bekommen. Er will zunächst nur, dass ihm jemand zuhört. Vielleicht kennen Sie diese Situation ja bereits aus eigener Erfahrung: Wenn wir erst einmal zu sprechen anfangen und uns alles von der Seele reden können, fügt sich oft ein Teil zum anderen und wir kommen der Lösung selbst sehr nahe. Wir ordnen dabei unsere Gedanken und Gefühle und sind erstaunt, dass das Ergebnis offensichtlich immer in greifbarer Nähe war und nur darauf gewartet hat, von uns entdeckt zu werden. Es kann passieren, dass der Mitarbeiter nach fünfzehn Minuten das Büro des Vorgesetzten mit einem dankbaren Gefühl verlässt, weil er glaubt, dass dieser ihn auf die richtige Lösung gebracht hat. Und dies alles, ohne dass der Vorgesetzte wirklich viel gesprochen hat. Er hat ihm einfach nur zugehört. Ihm keine schlauen Ratschläge gegeben. Ihm nicht eigene Erlebnisse präsentiert.

Mit den eigenen Gefühlen in Kontakt kommen

Empathie kann nur jemand zeigen, der auch bereit ist, sich selbst zu öffnen und mit den eignen Gefühlen in Kontakt zu kommen. Gerade Chefs neigen dazu, sich hinter einer Maske aus vermeintlicher Selbstsicherheit zu verstecken, und Vorgesetzte glauben, nur den Respekt ihrer Mitarbeiter zu erlangen, wenn sie keine Gefühle zeigen. Natürlich werden im Wirtschaftsleben Emotionen immer einen geringeren Stellenwert haben als im privaten Umfeld. Und doch ist es an der Zeit, Emotionen nicht nur zuzulassen, sondern als wertvolles Bindeglied zwischen menschlichen Wesen zu betrachten. Gerade wenn wir ein starkes Image bewahren wollen, ist es sinnvoll, Gefühle zuzulassen, bei anderen und bei uns selbst, und zu lernen, entsprechend damit umzugehen beziehungsweise diese zu steuern. Natürlich haben wir Angst vor Autoritätsverlust und davor, die Kontrolle zu verlieren. Aber mit einer emotionalen Kommunikation, mit Empathie und Offenheit erreichen wir genau das gewünschte Ergebnis: Wir erlangen natürliche Autorität und haben mehr menschliche Kontrolle denn je.

Win-Win-Situationen schaffen

Konfliktgespräche sind nicht immer einfach, keine Frage. Und es gibt auch kein allgemein gültiges Muster, das man nur abzuspulen braucht, um alle Probleme zu lösen und hinterher als Freunde auseinander zu gehen. Vielleicht ist genau das auch nicht immer notwendig. Wir glauben, dass ein Konfliktgespräch nur dann gut verlaufen ist, wenn hinterher wieder »Friede-Freude-Eierkuchen«-Stimmung herrscht. Klar ist, dass es Richtlinien gibt, mit denen sich derartige Gespräche leichter führen und Konflikte einfacher lösen lassen. Klar ist auch, dass am

Schluss eine Lösung gefunden werden muss, die von beiden Seiten akzeptiert wird. Was nicht heißt, dass hinterher alles wieder so sein muss wie zuvor. Im Rahmen eines Konflikts kommt es meist auch zu Verletzungen. Diese müssen heilen und das braucht Zeit. Schaffen wir also im inhaltlichen Bereich eine Win-Win-Situation, dann können meistens auch die menschlichen Verletzungen wieder heilen – und die Beziehung wird nicht von ungelösten Problemen und ungesagten Worten getrübt.

Überzeugung statt Druck

Um Win-Win-Situationen zu schaffen, müssen Menschen miteinander sprechen. Sie müssen Punkte ausdiskutieren, über Unstimmigkeiten verhandeln, um schließlich einen gemeinsamen Konsens zu finden. Achten Sie darauf, dass Sie Ihren Gesprächspartner und Konflikt-»Gegner« dabei nicht unter Druck setzen. Es gibt geschickte Verhandlungsexperten, die es verstehen, ihrem Gegenüber die eigene Meinung als die bessere zu verkaufen, und den Gesprächspartner wortwörtlich so beeinflussen, dass dieser so ziemlich alles akzeptiert. Zumindest kurzfristig. Hat derjenige dann hinterher Zeit zu überlegen, merkt er meist sehr schnell, dass die Lösung keinesfalls eine Win-Win-Situation herstellt, sondern nur dem Gesprächspartner zugute kommt. Hier wird nicht überzeugt, hier wird überredet. Und dann gibt es noch die andere Version, in der Druck ausgeübt wird. Besonders beliebt sind hierbei »Wenn … dann …«-Formulierungen. Oder Vorgesetzte nützen die Autorität ihrer Stellung in der Hierarchie aus. Win-Win-Situationen schaffen Sie nur, wenn Sie sich in gegenseitigem Respekt zuhören und aufnehmen, was jeder will. Durch eine überzeugende Argumentation schließlich wird ein natürliches Gleichgewicht entstehen von Geben und Nehmen, von Akzeptieren und Ablehnen – und schließlich eine Lösung, die für beide Seiten eine annehmbare Variante darstellt. Und vor allen Dingen wird dadurch eines passieren: Erst hier entscheidet sich, ob die Beziehung auch in der Zukunft fähig sein wird, Konflikte zu bewältigen.

Die drei wichtigsten Aspekte für mich/mein Umsetzungsplan

1.

2.

3.

Folgende Ideen werde ich umsetzen:

Noch heute

Morgen

In der nächsten Woche

Schlusswort: So schließt sich der Kreis

»Die größte Macht hat das richtige Wort zur richtigen Zeit.« Was Mark Twain schon vor langer Zeit feststellte, hat auch heute noch seine Richtigkeit. Worte haben mit uns Menschen zu tun und mit der Art und Weise, wie wir miteinander umgehen, miteinander kommunizieren. Nutzen wir das richtige Wort im passenden Augenblick, können wir viel bewegen im Zusammenleben mit anderen Menschen, ob es sich dabei um Freunde und Familienmitglieder oder Kollegen, Mitarbeiter und Vorgesetzte im beruflichen Umfeld handelt.

Gerade im Berufsleben sind Menschen immer öfter Angriffen ausgesetzt oder werden mit spitzzüngigen Bemerkungen konfrontiert. Nicht immer handelt es sich dabei nur um ein »Wortgeplänkel«, um sich gegenseitig auf den Arm zu nehmen. Oft stecken Mobbing-Attacken dahinter oder einfach nur der nackte Kampf um den Arbeitsplatz oder eine in Aussicht gestellte Beförderung. Es kann nur einen geben ... Unter dieser Voraussetzung wird mit Worten Krieg geführt und wehe dem, der sich nicht zur Wehr setzen kann. Gerade in solchen Situationen kommt es darauf an, den anderen nicht allzu lange auf eine passende Antwort warten zu lassen. Wer das nicht tut oder kann, kommt schnell in den Verdacht, nicht schlagfertig zu sein. Hier ist intelligente Schlagfertigkeit gefragt. Denn wer rhetorische und dialektische Mittel nur verwendet, um rücksichtslos eigene Vorteile zu erlangen, wird auf Dauer sehr einsam und wenig erfolgreich sein. Es kommt darauf an, sein Wissen gezielt einzusetzen – um sich beispielsweise aus einer schwierigen Situation herauszumanövrieren, um durch humorvolle Wortspiele auf charmante Art andere Menschen für sich zu gewinnen oder um seine Sache, seine Ziele und seine Meinung sicher und wirksam zu vertreten. Sicherlich kann man mit rhetorischen und dialektischen Kniffen sein Umfeld überrumpeln. Ziel erfolgsorientierter Dialektik und Rhetorik ist jedoch, Menschen mit Charme und Charisma zu überzeugen!

Zum Vertiefen: Die Themen »Eigenmarketing«, »Verkaufen« und »Verhandeln«, die weitere Aspekte der erfolgreichen Gesprächsführung sind, sind unter www.active-books.de als kompakte e-books erhältlich.

Anhang:
Zum Schluss noch ein paar Tipps

Zum Schluss habe ich für Sie noch ein paar Tipps aufgeführt, die Ihnen sicher in aller Kürze das komprimierte Wissen und Know-how zu den Themen

- Charismatische Wirkung
- Positive Kommunikation
- Faire Dialektik
- Redesituationen ohne Lampenfieber

bieten.

Vielleicht werden Sie sich wundern, was plötzlich Lampenfieber mit Schlagfertigkeit zu tun hat. Doch Lampenfieber begrenzt sich nicht nur auf Redesituationen vor großem Publikum, sondern tritt oft auch in anderen Gesprächen, zum Beispiel Verkaufsgesprächen, Bewerbungsgesprächen, Gesprächen mit einem Vorgesetzten, auf. Und mit Lampenfieber auch noch schlagfertig zu sein und intelligent zu kontern – das ist nun schier unmöglich.
Die meisten Tipps können Sie sofort bei der nächsten Gelegenheit umsetzen. In den letzten acht Jahren habe ich weit über 2500 Teilnehmer in Rhetorik, Verkaufsrhetorik und Schlagfertigkeit in Kleinveranstaltungen und Einzelcoachings schulen dürfen. Diese Tipps haben sich bei den Teilnehmern als sehr nützlich erwiesen. Es sind Seminarergebnisse der letzten Jahre.

10+1 Tipps, wie Sie charismatischer wirken

1. Entwickeln und leben Sie Ihren eigenen Stil! Wer eine positive Einstellung zu sich selbst hat, wirkt auf andere sympathischer als die billige Kopie einer anderen Person.
2. Seien Sie nach Möglichkeit authentisch! Sicher kann man nicht in allen Lebenslagen sein Inneres nach außen kehren – doch eine Person, die echt ist, ist überzeugender als ein Schauspieler.
3. Strahlen Sie Ruhe und Gelassenheit aus! Nutzen Sie in besonderen Stress-Situationen beispielsweise Atem- oder Entspannungstechniken, um Ihre Nervosität in Grenzen zu halten.
4. Sensibilisieren Sie sich für Ihren internen Dialog. Der Dialog mit sich selbst entscheidet wesentlich über Ihre charismatische Wirkung, ob Sie es wollen oder nicht!
5. Achten Sie auf Ihre Emotionen und analysieren Sie bei unklaren Situationen den Grund.
6. Suchen Sie den Kontakt zu anderen Menschen und verbessern Sie Ihre soziale Kompetenz! Charismatische Persönlichkeiten haben keine Scheu vor der Nähe zu anderen und suchen regen Austausch mit ihrer Umwelt.
7. Arbeiten Sie an Ihrer Körpersprache! Wenn Ihre nonverbale Kommunikation mit den Inhalten des Gesagten übereinstimmt, können Sie andere noch besser mitreißen. Bevor Sie eine Rede halten, können Sie Ihren Auftritt beispielsweise mit einer Videokamera aufnehmen – und auf dieser Basis verbessern.
8. Halten Sie im Gespräch Blickkontakt! So signalisieren Sie Selbstbewusstsein und Aufgeschlossenheit.
9. Vermitteln Sie anderen Menschen, dass sie sich in Ihrer Nähe wohl fühlen können. Charismatische Menschen verbreiten ein Gefühl von Wärme und Wohlbefinden.
10. Sorgen Sie dafür, dass Ihr Outfit Ihre Stärken unterstreicht und zu Ihrer Botschaft passt! Das äußere Erschei-

nungsbild gehört mit zur nonverbalen Kommunikation. So ist ein indischer Guru mit Bart und Flattergewändern sicherlich überzeugender als mit Kurzhaarfrisur und Nadelstreifen.

+1 Trainieren Sie Ihre Stimme, um Ihre Präsenz zu verstärken! Die Stimme ist ein wichtiges Instrument, um andere zu führen und Begeisterung hervorzurufen. Auch an einer hohen, kalten oder schneidenden Stimme können Sie arbeiten – holen Sie das Beste aus sich heraus!

10+1 Tipps, wie Sie kommunizieren, ohne verbrannte Erde zu hinterlassen

1. Bereiten Sie sich im Vorfeld gut vor. Gehen Sie Ihr Gespräch vorher gedanklich durch. Schauen Sie sich die einzelnen Etappen des Films an. Bedenken Sie alle Eventualitäten.
2. Kommen Sie zum Punkt, wenn Sie etwas erreichen wollen. Sagen Sie, worum es geht, statt um den heißen Brei herumzureden.
3. Vermeiden Sie Konjunktive. Sie schwächen dadurch Ihre Aussagen. Also: »Ich will« statt »Ich würde«.
4. Lassen Sie sich durch Killerphrasen weder beeindrucken noch verunsichern.
5. Bleiben Sie immer freundlich im Ton, aber deutlich und klar in der Sache. So erreichen Sie Ihre Ziele, ohne die Beziehungsebene zu belasten. Je freundlicher Sie sind, desto mehr erreichen Sie.
6. Seien Sie souverän, ohne jedoch Selbstsicherheit mit übertriebenem Selbstbewusstsein zu verwechseln. Ein allzu selbstsicheres Ego weckt nämlich bei Ihrem Gegenüber Aggressionsgefühle. Jemand, der mit einem gesunden Selbstbewusstsein auftritt, kann dagegen Sympathiepunkte sammeln.

7. Vermeiden Sie allzu abstrakte Redewendungen. Sprechen Sie eine klare und bildhafte Sprache. So kann sich das Gehirn Ihres Gegenübers die Botschaft besser merken.
8. Vermeiden Sie Formulierungen, die Misstrauen bei Ihrem Gesprächspartner wecken oder ihn zu einer Rechtfertigung zwingen, zum Beispiel Warum-Fragen. Besser eignen sich objektivere Formulierungen wie: »Worauf führen Sie das zurück?«
9. Senden Sie Ich-Botschaften statt Du-/Sie-Botschaften. Ich-Botschaften wirken in der Gesprächsführung weicher, weniger verletzend; so sind Ihre Chancen, den anderen zu einer Verhaltensänderung zu bewegen, viel höher, als wenn Sie anklagende Du-Botschaften benutzen.
10. Verkaufen Sie sich als Person, statt Ihr Anliegen zu verkaufen. Es ist in vielen Fällen eine viel wirksamere Strategie.

+1 Seien Sie manchmal bereit, eine Schlacht zu verlieren, wenn Sie den Krieg gewinnen wollen.

10+1 Tipps, wie Sie faire Dialektik einsetzen

1. Bereiten Sie sich besser vor als Ihre Partner. Machen Sie sich ein Bild Ihres Gesprächspartners. Informieren Sie sich per Internet, über Tageszeitungen oder Prospektmaterial. Wenn Sie Ihren Gesprächspartner besser kennen als er Sie, dann haben Sie schon einen wichtigen Vorsprung. Sie wissen besser als er, welche Schwachstellen er oder sein Unternehmen hat, welche Wünsche und Ziele für ihn von Bedeutung sind und welche Asse er im Ärmel hat. So können Sie sich schon Ihre Asse zurechtlegen. Im Falle einer Diskussion bereiten Sie Definitionen zu den wesentlichen Begriffen vor.
2. Schaffen Sie eine positive Atmosphäre. Schaffen Sie ein positives Umfeld. Lassen Sie Ihren Gesprächspartner

wissen, dass Sie beide gemeinsame Interessen, Ansichten und Teilergebnisse verfolgen. Legen Sie sich nicht zu früh auf ein bestimmtes Bild Ihres Partners fest und halten Sie sich vor allem zurück, sich inhaltlich festzulegen.

3. Fragen Sie. Wer fragt, der führt. Durch Feststellungen legen Sie sich fest, durch Fragen steuern Sie das Gespräch und kommen weiter. Dialektik ist wie ein Pingpong-Spiel. Spielen Sie Ihrem Partner den Ball in Form von geschickten Fragen zu. Dabei liegt es in Ihrer Hand, wie Sie ihm den Ball zuspielen. So wie Sie ihn zuspielen, werden Sie ihn zurückbekommen oder nicht. Überlegen Sie sich genau, was Sie wissen müssen und was Ihr Gesprächspartner aus seinem eigenen Mund hören muss!
4. Demonstrieren Sie. Erinnern Sie sich an Ihre Schulzeit: Der Lehrer veranschaulichte anhand eines Beispiels einen neuen Themenkomplex. Der Einstieg in das Thema fiel Ihnen wesentlich leichter, nicht wahr? Und noch beeindruckender war es, wenn der Lehrer mit einem Schaubild, einem kurzen Film oder einem Versuch einen Ihrer Glaubenssätze widerlegte. Doch Vorsicht: Gehen Sie wohldosiert mit Vergleichen oder eigenen Beispielen um, das wird schnell langweilig! Haben Sie mehrere Beispiele zur Hand, wählen Sie das treffendste. Gehäufte Gegenbeispiele zu einer vorgebrachten Meinung wiederum sind oft sehr wirkungsvoll.
5. Nennen Sie die besten Argumente nicht zu früh. Behalten Sie einige Argumente im Köcher! Jedes Gespräch sollte dramaturgisch aufgebaut sein. Dazu gehört eine gewisse Spannung. Heben Sie sich Ihre Joker dazu auf. Sollten Sie sie nicht unbedingt vorher brauchen, kommen diese wichtigsten Argumente am Ende des Gesprächs zum Einsatz.
6. Sprechen Sie zum richtigen Zeitpunkt. Ein Geburtstagsgeschenk, das seinen Empfänger zu früh oder zu spät er-

reicht, ist nur noch einen Bruchteil so viel wert, als wenn es genau zum richtigen Zeitpunkt angekommen wäre. Genauso ist es mit Statements. Ein Statement zu früh oder zu spät abgegeben, bleibt oft wirkungslos. Warten Sie mit Ihren besten Argumenten, bis Sie sie wirklich treffend einsetzen können. Nur im äußersten Notfall greifen Sie vor oder beziehen sich noch einmal auf schon Besprochenes. Rückgriffe auf früher Gesagtes sind meist langweilig und ärgern Ihre Gesprächspartner.

7. Führen Sie partnerorientierte Gespräche. Wen wollen Sie ansprechen? Natürlich Ihren Gesprächspartner. Dann sprechen Sie ihn auch an, und zwar mit seinem Namen und direkt mit »Sie«. Lassen Sie sich und das Wörtchen »Ich« im Hintergrund. Ihr Gesprächspartner wird dann schnell der Meinung sein, dass Sie beide auf einer Wellenlänge sind und seine Meinung auch Ihre ist! Günstig ist es auch, wenn Sie mögliche Einwände vorwegnehmen. Das ist immer ein kluger Zug.
8. Sprechen Sie Ihre Partner emotional an. Viele Menschen sind stärker emotional orientiert, als ihnen bewusst ist. Verhalten Sie sich deshalb natürlich, zeigen Sie Gefühl und reagieren Sie spontan und voller Offenheit. Wirken Sie in Ihrem Beitrag zu strategisch, wird sich das eher negativ auswirken. Benutzen Sie nach Möglichkeit, jedoch in Grenzen, emotionsbesetzte Wörter.
9. Vermeiden Sie unnötige Spannungen. Je harmonischer ein Gespräch verläuft, umso eher lässt sich ein Gesprächspartner überzeugen. Überlegen Sie sich deshalb: Will ich Recht haben oder will ich erfolgreich sein? Durch Überlegenheitsdemonstrationen bauen Sie meistens nur Spannungen auf. Und wenn Ihr Gegenüber wirklich total danebenliegt, korrigieren Sie seinen Irrtum – nicht um jeden Preis, sondern nur wenn es unbedingt nötig ist. Zeigen Sie ihm jedoch, dass Sie seinen Standpunkt verstehen und ernst nehmen.

10. Versuchen Sie, aus Defensivsituationen auszubrechen. Werden Sie angegriffen und erleben sozusagen das Donnerwetter aus heiterem Himmel, ist es unmöglich, irgendjemanden von irgendwas zu überzeugen. Es ist schwer, wenn nicht unmöglich, aus der Defensive zu überzeugen. Der Angriff ist hier die beste Verteidigung und die Fragen sind dazu die besten Waffen. Werden Sie jedoch nie als Erster unfair!

\+ 1 Wenn Sie nichts zu sagen haben, schweigen Sie.

20+1 Tipps gegen Lampenfieber

1. Bereiten Sie sich optimal vor. Eine gründliche Vorbereitung hilft, Redeängste abzubauen.
2. Lernen Sie den Anfang und das Ende Ihrer Rede auswendig. So können sie brillant starten und einen guten Eindruck hinterlassen, auch wenn Sie abrupt enden müssen.
3. Wenn Sie die Möglichkeit haben, fahren Sie ein paar Tage vorher zu dem Ort hin, wo Sie reden oder präsentieren sollen. In vielen Tagungshotels können Sie diese Möglichkeit nutzen, falls die Räume nicht belegt sind. Seien Sie nett und freundlich zum Empfangspersonal! Ein Lächeln wirkt oft Wunder!
4. Vermeiden Sie unnötigen Zeitdruck! Planen Sie genügend Zeit für die Fahrt ein. Wenn Autofahren Sie stresst, benutzen Sie unbedingt öffentliche Verkehrsmittel!
5. Bewegen Sie sich! Machen Sie einen kleinen Spaziergang oder gehen Sie die Treppe hoch, statt den Aufzug zu benutzen. So bauen Sie dieses Maß an Adrenalin ab, das Sie hindert, während Ihrer Rede aufzublühen.
6. Nehmen Sie eine Vertrauensperson mit und setzen Sie sie in die erste Reihe. Das ist ein Trick, der auch von Profi-Rednern und Politikern benutzt wird. Wenigstens eine(r) im Saal ist Ihnen freundlich gesinnt. Einige Verkäufer

nehmen manchmal auch einen Kollegen oder ihren Verkaufsleiter zu »schwierigen« Kunden mit.

7. Gehen Sie vor der Rede oder dem Verkaufsgespräch noch einmal zur Toilette.
8. Überprüfen Sie ein letztes Mal Ihr Outfit im Spiegel.
9. Nutzen Sie Ihre Erregung positiv! Malen Sie sich Ihre erfolgreiche Rede/Ihr erfolgreiches Verkaufsgespräch in den schönsten Farben aus! Projizieren Sie sich in die Zukunft hinein und erleben Sie, wie die Zuhörer Ihnen voller Freude applaudieren/wie Ihr Kunde von Ihren Ausführungen begeistert ist und ... bei Ihnen abschließt.
10. Sorgen Sie dafür, dass Ihnen eine Flasche Wasser während der Rede zur Verfügung steht. Wasser trinken ist bei vielen eine sichere Hilfe gegen das Wegbrechen der Stimme.
11. Gehen Sie langsam in den Raum hinein und selbstbewusst bis zum Pult.
12. Begrüßen Sie bekannte Personen!
13. Suchen Sie sich einen festen und sicheren Stand!
14. Sprechen Sie erst, wenn Sie einen festen Stand und Blickkontakt zu den Zuhörern haben.
15. Atmen Sie noch einmal tief durch!
16. Fangen Sie an, langsam und kraftvoll zu sprechen.
17. Lassen Sie den Funken der Begeisterung auf Ihr Publikum überspringen! Beginnen Sie mit einem Lacher. Wer es schafft, sein Publikum beziehungsweise seinen Gesprächspartner zum Lachen zu bringen, hat halb gewonnen.
18. Wandeln Sie die aufgestaute Stress-Energie in eine kraftvolle Gestik um!
19. Sie können sich auf dem Podium oder der Bühne bewegen. Vielleicht können Sie auch durch die Reihen gehen und das Publikum einbeziehen. Im Verkaufsgespräch können Sie zum Beispiel den Kunden im Besprechungsraum fragen, ob Sie ihm etwas am Flipchart erklären dür-

fen. Sie visualisieren dann einen Zusammenhang und in dem Moment ahnt er nicht im geringsten, dass Sie von Lampenfieber geplagt sind.

20. Wenn Sie merken, dass Sie nicht mehr genügend Zeit haben, kürzen Sie unbedingt ab. Merken Sie sich eins: Sie sind der Einzige, der weiß, was er sagen wird. Viele vergessen es leider.

+1 Vielleicht hilft Ihnen bei schwierigen Gesprächen auch folgende (Traum-)Vorstellung des GAU: Stellen Sie sich vor, was passieren würde, wenn Sie mitten im Gespräch einfach abbrechen und dem Publikum erklären, dass Sie sich in dieser Atmosphäre nicht wohl fühlen und keine Lust mehr haben, das Thema zu vertiefen. Dann packen Sie Ihre Sachen und verlassen den Raum. Die Konsequenz ist, dass überhaupt nichts passiert. Weder Ihr Leben noch Ihre Existenz wären bedroht. Sie müssten sich höchstens einen neuen Job suchen und ein Wechsel ist in der Regel mit einer Gehaltsverbesserung verbunden. Wozu also Angst haben?

»Der Sieg über die Angst, das ist auch ein Glücksgefühl, in dem ich mir nahe bin.«

Reinhold Messner

Literaturverzeichnis

Alt, Jürgen August: *Richtig argumentieren.* Verlag C.H. Beck, München

Amon, Ingrid: *Die Macht der Stimme.* Wirtschaftsverlag Carl Ueberreuter, Frankfurt/Wien

Asgodom, Sabine: *Eigenlob stimmt.* Econ Verlag, München

Asgodom, Sabine/Scherer Hermann: *Jetzt komm ich!* mvgVerlag, Landsberg/Lech

Baerwald, J. Michael: *Überzeugend argumentieren.* Droemersche Verlagsanstalt Th. Knaur Nachf., München

Bandler, Richard/La Valle, John: *Die Schatzkammer des Erfolgs.* Junfermann Verlag, Paderborn

Becht, Monika: *Smart Leadership.* verlag moderne industrie, München

Berckhan, Barbara: *Die etwas intelligentere Art, sich gegen dumme Sprüche zu wehren.* Kösel-Verlag, München

Besser-Siegmund, Cora/Siegmund, Harry: *Coach Yourself.* Junfermann Verlag, Paderborn

Birkenbihl, Vera F.: *Fragetechnik, schnell trainiert.* mvgVerlag, Landsberg/Lech

Birkenbihl, Vera F.: *Kommunikationstraining.* mvgVerlag, Landsberg/Lech

Birkenbihl, Vera F.: *Warum wir andere in die Pfanne hauen ….* Junfermann, Paderborn

Birkenbihl, Vera F.: 27 *Erfolgs-Tips.* birkenbihl-media, Bergisch Gladbach

Braun, Roman: *Die Macht der Rhetorik*. Wirtschaftsverlag Carl Ueberreuter, Frankfurt/Wien

Brauner, Ingo: *Praxis der Rhetorik*. vde-verlag, Berlin/Offenbach

Bredemeier, Karsten/Neumann, Reiner: *Nie wieder sprachlos*. orell füssli Verlag, Zürich

Bredemeier, Karsten/Neumann Reiner, *Schwarze Rhetorik*. orell füssli Verlag, Zürich

Bredemeier, Karsten/Neumann, Reiner: *Provokative Rhetorik? Schlagfertigkeit!* orell füssli Verlag, Zürich

Carnegie, Dale: *Rede dich zum Erfolg*. Wilhelm Heyne Verlag, München

Christiani, Alexander: *Magnet Marketing*. Frankfurter Allgemeine Zeitung, Verlagsbereich Buch, Frankfurt

Christiani, Alexander/Scheelen, Frank M.: *Stärken stärken*. Redline Wirtschaft/Moderne Industrie, München

Cicero, Antonia/Kuderna, Julia: *Clevere Antworten auf dumme Sprüche*. Junfermann Verlag, Paderborn

Cicero, Antonia/Kuderna, Julia: *Die Kunst der Kampfrhetorik*. Junfermann Verlag, Paderborn

Correll, Werner: *Motivation und Überzeugung in Führung und Verkauf*. mvgVerlag, Landsberg/Lech

Crisand, Ekkehard: *Psychologie der Gesprächsführung*. Sauer-Verlag GmbH, Heidelberg

Csikszentmihalyi, Mihaly: *Flow. Das Geheimnis des Glücks*. Klett-Cotta, Stuttgart

Dahms, Christoph und Matthias: *Die Magie der Schlagfertigkeit*. Dahms-Verlag, Wermelskirchen

Dahms Trainingsbuch Schlagfertigkeit. Dahms-Verlag, Wermelskirchen

Dahms Trainingsbuch Wortschatztraining. Dahms-Verlag, Wermelskirchen

Dahms, Christoph und Matthias: *Schlagfertig sein in Rede und Verhandlung*. Dahms-Verlag, Wermelskirchen

Dilts, Robert B.: *Die Magie der Sprache*. Junfermann Verlag, Paderborn

Ditko, Peter H./Engelen Norbert Q.: *In Bildern reden*. ECON Verlag, München

Ebeling, Peter: *Das große Buch der Rhetorik*. Englisch, Wiesbaden

Enkelmann, Nikolaus B.: *Die Sprache des Erfolgs*. Gabler-Verlag, Wiesbaden

Enkelmann Nikolaus B.: *Charisma*. mvgVerlag, Landsberg/Lech

Enkelmann, Nikolaus B.: *Rhetorik*. Panorama Verlag, Wiesbaden

Etrillard, Stéphane: *Spitzengespräche*. Junfermann, Paderborn.

Etrillard, Stéphane: *Spitzengespräche im Verkauf*. Junfermann, Paderborn

Etrillard, Stéphane: *30 Minuten für intelligente Schlagfertigkeit*. Gabal Verlag, Offenbach

Etrillard, Stéphane: *Das Gespräch als Erfolgsfaktor*. www.activebooks.de, Paderborn

Etrillard, Stéphane: *Klappern gehört zum Handwerk*. www.activebooks.de, Paderborn

Etrillard, Stéphane: *Verhandeln macht Spaß*. www.activebooks.de, Paderborn

Fournier, Cay von: *Charisma*. Schmidt Verlag, Stockheim

Fournier, Cay von: *LebensStrategie*. Schmidt Verlag, Stockheim

Görner, Bernd/Necker, Gerhard: *Bauernregeln für Führungskräfte*. Wirtschaftsverlag Carl Ueberreuter, Frankfurt/Wien

Grieshammer, Margit: *Das Geheimnis der Ausstrahlung*. Schmidt Verlag, Stockheim

Hartig, Willfred: *Moderne Rhetorik und Dialektik*. Sauer-Verlag, Heidelberg

Härter, Gitte/Öttl, Christine: *Ich-Marketing*. Gräfe und Unzer Verlag, München

Hesse, Jürgen/Schrader, Hans Christian: *Marketing in eigener Sache*. Eichborn, Frankfurt am Main

Hesse, Jürgen/Schrader, Hans Chrisitan: *Networking als Bewerbungs- und Karrierestrategie*. Eichborn, Frankfurt am Main

Hofmeister, Roman: *Rhetorik*. Weltbild Ratgeber Verlage, München

Hofmeister, Roman: *Handbuch der Redekunst Rhetorik*. Seehamer Verlag, Weyarn

Holler, Ingrid: *Trainingsbuch Gewaltfreie Kommunikation*. Junfermann Verlag, Paderborn

Holtbernd, Thomas: *Der Humor-Faktor*. Junfermann Verlag, Paderborn

Holz, Friedrich: *Methoden fairer und unfairer Verhandlungsführung*. Weka, Kissing

Holzheu, Harry: *Ehrlich überzeugen*. ECON Verlag, München

Ivey, Allen E.: *Führung durch Kommunikation*. Rosenberger Fachverlag, Leonberg

Janicek, Robert: *Erfolgreiche Gesprächsführung und Verhandlungstechnik*. G. Heske-Verlag, Dahlhausen-Magelsen,

Kellner Hedwig: *Rhetorik: Hart verhandeln – erfolgreich argumentieren*. Carl Hanser Verlag, München

Kellner Hedwig: *Karrieresprung durch Selbstcoaching*. Campus Verlag, Frankfurt am Main

Kobjoll, Klaus: Motivation. *Begeisterung ist übertragbar*. orell füssli Verlag, Zürich

Kohlmann-Scheerer, Dagmar: *Kontern – aber wie?* Gabal Verlag, Offenbach

Landauer, Adele: *manage acting*. Econ Verlag, München

Lay, Rupert: *Dialektik für Manager. Methoden des erfolgreichen Angriffs und der Abwehr*. Econ-Taschenbuch, München

Leeds, Dorothy: Die *Kunst der Kommunikation*. orell füssli Verlag, Zürich

Lemmermann, Heinz: *Lehrbuch der Rhetorik*. Günter Olzog Verlag, München

Lemmermann, Heinz: *Schule der Debatte*. mvgVerlag, Landsberg/Lech

Ludwig Martin H.: *Praktische Rhetorik*. Joachim Beyer Verlag, Hollfeld

Märtin, Doris/Boeck Karin: *Small Talk*. Wilhelm Heyne Verlag, München

McKay, Matthew/Fanning, Patrick/Honeychurch, Carole/ Sutker, Catherine: *Selbstwert – Die beste Investition Ihres Lebens*. Junfermann Verlag, Paderborn

Menz Adrian: *Erfolgsfaktor Mensch*. mvgVerlag, Landsberg/ Lech

Mohler, Alfred: *Die 100 Gesetze überzeugender Rhetorik*. Ullstein Verlag, Berlin

Mohler, Alfred: *Die 100 Gesetze erfolgreicher Mitarbeiterführung*. Wirtschaftsverlag Langen-Müller/Herbig, München

Molcho, Samy: *Körpersprache*. Wilhelm Goldmann Verlag, München

Molcho, Samy: *Körpersprache im Beruf*. Mosaik Verlag, München

Motamedi, Susanne/Strikker, Frank: *Sicher auftreten, überzeugend vortragen*. Rowohlt Taschenbuchverlag, Reinbek bei Hamburg

Müller, Helmut: *Gesprächstraining*. orell füssli Verlag, Zürich

Neuberger, Oswald: *Miteinander arbeiten – miteinander reden!* Bayerisches Staatsministerium für Arbeit und Sozialordnung, Familie, Frauen und Gesundheit, München

Nix, Udo H.: *Rhetorik und Diskussionstechnik* (Kommunikationstraining I), *Argumentationstechnik* (Kommunikationstraining II). Walberberg

Nix, Udo H.: *Überzeugend und lebendig reden*. mvgVerlag, Landsberg/Lech

Nützi, Ruedi: *Am Anfang steht das Wort*. orell füssli Verlag, Zürich

Pöhlmann, Simone/Roethe Angela: *Die Streitschule*. Junfermann Verlag, Paderborn

Pöhm, Matthias: *Vergessen Sie alles über Rhetorik*. mvgVerlag, Landsberg/Lech

Pöhm, Matthias: *Nicht auf den Mund gefallen!* mvgVerlag, Landsberg/Lech

Pöhm, Matthias: *Das NonPlusUltra der Schlagfertigkeit.* mvgVerlag, Landsberg/Lech

Pöhm, Matthias: *Frauen kontern besser.* Midena Verlag, München

Prost Winfried: *Mit Dialektik überzeugen.* Gabler Verlag, Wiesbaden

Rhode, Rudi/Meis, Mona Sabine/Bongartz, Ralf: *Angriff ist die schlechteste Verteidigung.* Junfermann Verlag, Paderborn

Richter, Günther: *Führungsinstrument Kommunikation.* Gabler Verlag, Wiesbaden

Rosenberg, Marshall B.: *Gewaltfreie Kommunikation, Aufrichtig und einfühlsam miteinander sprechen. Neue Wege in der Mediation und im Umgang mit Konflikten* (Originaltitel: Nonviolent Communication). Junfermann Verlag, Paderborn

Ruede-Wissmann, Wolf: *Auf alle Fälle Recht behalten.* Wirtschaftsverlag Langen Müller Herbig, München

Ruede-Wissmann, Wolf: *Satanische Verhandlungskunst.* Gondrom Verlag, Bindlach

Ruhleder, Rolf H.: *Rhetorik & Dialektik.* Verlag für Deutsche Wirtschaft AG, Bonn 2002

Ruhleder, Rolf H.: *Rede- und Überzeugungstraining.* Rusch-Verlag, Kreuzlingen/Konstanz

Ruhleder, Rolf H.: *Vortragen und Präsentieren, der schnelle Weg für Ihren Erfolg.* Max Schimmel Verlag, Würzburg

Scheerer, Harald: *Mit Worten führen.* Gabal Verlag, Offenbach

Scheerer, Harald: *Erfolgreich führen durch überzeugen.* Wirtschaftsverlag Langen Müller/Herbig, München

Scherer, Hermann: *Sie bekommen nicht, was Sie verdienen, sondern was Sie verhandeln.* Gabal Verlag, Offenbach

Schneider, Willy/Ossola-Haring, Claudia: *Praxiswissen Management.* verlag moderne industrie, München

Schorkopf, Horst: *Reden frei – verständlich – wirksam.* Haufe Verlag, Freiburg

Schott, Barbara/Birker, Klaus: *Souverän mit Kunden umgehen.* Rowohlt Verlag, Reinbek bei Hamburg

Schulz von Thun, Friedemann: *Miteinander reden 1–3.* Rowohlt Tb., Reinbek

Studer, Jörg: *Rhetorik – Sprechen Vortragen Überzeugen.* Bassermann'sche Verlagsbuchhandlung, Niedernhausen

von Quernheim, Peter: *Überzeugen können.* Wirtschaftsverlag Langen Müller/Herbig, München

White, Jennifer: *Wie Sie Ihre Mitarbeiter anfeuern ohne sie zu verheizen.* Redline Wirtschaft, Frankfurt

Zielke, Wolfgang: *Sprechen ohne Worte.* Gondrom Verlag, Bindlach

Zimmer-Walbröhl, Barbara: *Der Weg zu sozialer Kompetenz in 7 Tagen.* Junfermann Verlag, Paderborn

Zittlau, Dieter, *Schlagfertig kontern in jeder Situation.* Südwest, München

Stichwortverzeichnis

A
Ablehnungsgespräch 172
Absicht, böse 121
Abwägen 151
Action 83
Aggressionen 155, 157
Alternativfragen 26
Anerkennung(s-) 169ff.
-gespräch 168ff.
Angemessenheit 95
Angriff 35, 96, 130, 142, 145, 179, 181f.
Angst 52, 97
Anstand 149
Antwort 149
– kreative 30
Anziehungskraft 88
Argumentation(s-) 107, 118, 125, 141, 160
-gespräch 112
-kette 114
-muster 112ff.
Argumente 108, 112f., 127f., 150
Assoziation 97
Atmung 65
Attacken 100
– verbale 135
Aufmerksamkeit 88
Auftritt 19, 127
Aura 88, 90
Ausstrahlung(s-) 75f., 81, 113, 119, 144
-kraft 79, 90, 119
Authentizität 66, 87
Autorität 76, 86, 119, 126, 191
– natürliche 63

B
Baerwald, J. Michael 169f.
Bedürfnisse 180
Beeinflussung 119
Begeisterung 58, 86, 113, 159
Belobigungsgespräch 138
Beobachtungen 180
Bescheidenheit 119
Besprechung 174ff.
Betonung 67, 156
Beurteilungsgespräch 143
Beweise 113
Beweisfolge 127
Beziehung(s-) 144, 191
-ebene 38, 130, 145, 159
Bild 110
Billings, Josh 152
Bitte 180ff.
Blickkontakt 51f., 56, 146, 149f.
Brücke 56
Busch, Wilhelm 152

C
Carnegie, Dale 165
Chaplin, Charlie 104
Charisma 10, 71, 75 ff., 89 f., 113, 194
Charme 194
Christiani, Alexander 42
Christiansen, Sabine 17
Churchill, Winston 34
Crisand, Ekkehard 143
Csikszentmihalyi, Mihaly 89, 184

D
Dahms, Christoph 121 f.
Dahms, Matthias 121 f.
Dalai Lama 75
Demut 119
Dialektik 125 ff., 130
– faire 129 ff., 197
– unfaire 129 ff.
Dialektische Methode 115
Dickhäutigkeit 10, 93, 95
Diskussion 118, 138
Dissoziation 96 ff.
Downward inflexion 70
Druck 191
Du-Botschaften 156
Dumm gelaufen 35
Durchführung 157
Durchsetzungskraft 119

E
Ebene
– emotionale 159 f.
– rationale 159
Eigenschaften 40, 76
Einfühlungsvermögen 77, 151, 188
Einstellung 144 f., 151
– innere 129
– positive 39
Einwände 163 f.
Emotionen 93, 128, 151, 159, 188, 190
Empathie 188
Energie 185
Engagement 119
Entschärfungsfrage 27
Entlarvungsmethode 120 ff.
Entscheidung 118, 160
Entschiedenheit 78
Entspanntheit 78, 97
Erfahrung 144
Erfolg(s-) 79, 90, 95, 138
– kommunikativer 43
-faktoren 158
Ergebnis 141
Erscheinungsbild 129

F
Fachkompetenz 95, 129
Fairness 36, 154
Fakten 151
Fehler 161 ff.
Feststellung 162
Fingerspitzengefühl 186
Floskeln 142
Flow 89, 184
Flucht 187
Form(-) 112
-ebene 109 ff.
Fortführen 151
Fournier, Dr. Cay von 100
Fragen 24 ff., 149, 128, 141, 155, 159, 189
– ausweichen 29
– geschlossene 26
– offene 26
Fremdbild 42 f.
Freud, Sigmund 84
Freude 86
Freundlichkeit 78
Führung(s-) 140
-kräfte 164, 168

G
Gang 86
Gedanken 88
Geduld 149
Gefühle 129, 144, 151, 159, 180ff., 190
– negative 151
Gegen-
-angriff 162
-argumente 150
-frage 27f., 121
-rede 149
Gelassenheit 77
Gemeinsamkeiten 128, 141
Gespräch(s-) 137, 140, 142
-arten 143
-atmosphäre 36, 140
-ebene 159
-erfolg 47
-faden 139
-faktoren 145
-führung 125, 139ff., 143
-partner 121
-situationen 141ff., 157ff.
-taktik 121
-training 150
Gestik 86, 129, 149
Gibran, Kahlil 152
Glaubwürdigkeit 44, 66
Goldsmith, Oliver 152
Görner, Bernd 24
Goethe, Johann Wolfgang von 138
Gruppen-
-erlebnis 176
-zugehörigkeit 144
Gunzinger, Anton 59

H
Haltung 86
Hardenberg, Friedrich von 149
Heine, Heinrich 153
Herausforderung 158
Hesse, Jürgen 95
Historie 144
Holschuld 171
Hubbard, Elbert 10
Humor 34

I
Ich-Botschaften 155ff.
Illner, Maybritt 17
Image 190
Inhalt(s-) 112
-ebene 111, 112
Instinkt 21
Intelligenz, emotionale 129, 188
Interview 138

J
Ja-Modus 26

K
Kampf 187
Kästner, Erich 52, 153
Kellner, Hedwig 109
Kempen, Thomas von 153
Killerphrasen 33
Kommunikation 45, 47, 76, 90
– gewaltfreie 180
– positive 197
Kompetenz(-)
– soziale 154
-Taktik 132
Kompromiss(-) 188
-Methode 117
Konflikte 158f., 187
Konflikt-
-gespräch 143, 162, 190
-lösung 179ff., 188
-situationen 182
Kongruenz 88
Konsens 64, 107

Konsequenzen 161
Konter(-) 32
-taktiken 18
Konzentration 82
Körper-
-haltung 150
-sprache 51, 66, 83, 85, 129, 149
Kreativität 128, 187
Krieg 193
Kritik(-) 158, 161 ff., 168
– konstruktive 164 f.
-gespräch 138, 142, 147, 161 ff.

L
Lächeln 59, 93, 103
Lampenfieber 52, 197
Lautstärke 66, 68, 156
Leidenschaft 89
Leistung 165
Liebe 119
Lincoln, Abraham 153
Lob(-) 165, 168 ff.
-rede 169
Logik 125, 127, 159
Lösung 163, 189, 191

M
Macht 126
Magnet 88
Manipulieren 129
Mann, Thomas 55
Mediator 188
Meetings 174 ff.
Meinung(s-) 107 f., 151, 179, 187
-verschiedenheit 104, 180
Messner, Reinhold, 205
Methode »Unzustellbar/Falsche Adresse« 132
Methode der bedingten Zustimmung 132
Mimik 51, 86, 129, 149
Missverständnisse 45 f.
Mobbing 193
Moderator 176, 186
Molcho, Samy 87
Motivation 90
Mulzer, Chris 78
Musil, Robert 76
Muster 186

N
Nachfragen 151
Namen(s-) 53, 55
-gedächtnis 56
Necker, Gerhard 24
Negatives 88
Neumann, Reiner 33
Nicken 149
Nicolai, Friedrich 153
Nix, Dr. Udo 119
Normen 189
Nützi, Ruedi 45

O
Offenheit 186
Optimismus 184

P
Panik 97
Paraphrasieren 151
Partner 141
Pauschalisierungen 156
Pausen 67
Personengespräch 143
Persönlichkeit(s-) 10, 32, 66, 79, 87, 95, 127
-struktur 144
Perspektivenwechsel 109
Phobie 97
Positives 89
Prägungen 144
Presber, Rudolf 16
Psychologie 125, 138, 143

Q
Qualtinger, Helmut 17, 153
Quernheim, Peter von 149

R
Rahmen 143
Reassoziierung 98
Rechte 95
Rede(-) 149
-kunst 151
Referenzmethode 131
Reizwörter 23
Respekt 149, 159, 189
Rolle(n-) 144
-wechsel 188
Rosenberg, Marshall B. 180
Rosenstiel, Lutz von 137
Rückert, Friedrich 153
Rückkopplungen 150
Ruede-Wissmann, Wolf 130
Ruhe 81, 89, 159
Ruhleder, Rolf H. 169

S
Sach-
-ebene 121, 130
-gespräch 143
-inhalt 159
-verhalt 163
Schiedsrichter 188
Schlagfertigkeit(s-) 17 ff.
– intelligent 12, 36, 130
– verantwortungsvoller Umgang 35
-tempel 37
Schlussfolgerung 115
Schmidt Colleg 100
Schopenhauer, Arthur 19, 153
Schrader, Hans Christian 95
Schweigen 152
Selbst-
-bewusstsein 77, 95
-bild 40 f.
Sicherheit 127
Sichtweise 97, 109
Sitz-
-plan 146
-position 147
Smalltalk 138
Souveränität 9, 36, 79, 94
Spannung(s-) 187
-pause 67
Spitzengespräche 138, 145
Sprache 129
Stacheldrahtwörter 23
Stahl, Friedrich Julius 16
Stanpunkte 187
Stärken 42, 82, 94
Stärken/Schwächen-Analyse 41
Status 144
Stellungnahme 163
Stereotype 144
Stil 29
Stimme 10, 63 ff., 71 ff.
Stimm-
-präsenz 63
-training 73
Stimmung 64, 72, 144, 156, 186
Strategie 121, 163
Streitgespräch 19, 64
Stress 81
Struder, Jörg 34
Struktur(-) 112
-ebene 109 ff.
Suggestiv-
-fragen 27
-kräfte 19
Synergien 148

T
Tadel 165
Tagesform 142

Tagore, Rabindranath 154
Talente 42
Technik 119f.
Tempo 68, 73
Ton 156
Tonalität 68
Tonlage 68
Training 72, 122
Transparenz 90
Trauer 86
Twain, Mark 15, 193

U
Überreden 126, 154
Überzeugen 113, 126, 129, 154, 191
Überzeugungen 182
Überzeugungs-
-gespräch 108
-kraft 113, 119
Umweg-Argumentation 118
Upward inflexion 69

V
Veränderung 99, 163
Verbalisieren 151
Verbesserung 163
Verfahrensfrage 175
Vergleich(s-) 115
-argumentation 116
Verhaltensebene 121
Verhandlungen 118
Verkaufsgespräch 143
Verletzung 191
Verteidigung 179
Vertrauen 65
Verzweiflung 86
Visitenkarte 54
Visualisierung 48
Vorbereitung 107, 110, 128, 140, 157, 159, 163
Vorgehensweise 187
Vorstellung(s-) 140
-gespräch 138
Vorurteile 144

W
Wahrheit 127
Wärme 90
Weltanschauung 154
Wenn-dann-Argumentation 114
Werte 145, 182, 189
Wertschätzung 56
Wiederholung 139
Wilde, Oscar 153
Win-Win-Situation 190f.
Wirkung(s-) 40, 90
-pause 67
Wissen 119
Wort-
-schatztraining 22
-wahl 129

Z
Zeit 144
Ziel(-) 99, 125, 140, 172
-klarheit 82
-orientierung 100
Zuhören 148ff., 159, 188f.
– aktiv 150, 154
Zusammenfassen 139, 150
Zustimmung 150

Kontakt

Das Management Institute SECS, Stéphane Etrillard Communication & Sales, mit Hauptsitz in Düsseldorf hat sich mit seinem Angebot auf Kommunikations- und Vertriebsthemen spezialisiert und bietet sowohl öffentliche als auch firmeninterne Seminare an. Für Unternehmen werden maßgeschneiderte innovative Lösungen konzipiert und in Workshops umgesetzt. Im Bereich Personalentwicklung und Personalauswahl ist das Thema »Rollenspezifische Management-, Vertriebs- und Berufseffektivität« einer der Schwerpunkte des Instituts.

Wenn Sie Interesse an offenen oder firmeninternen SECS-Seminaren, an einer Trainerausbildung oder an einem Einzelcoaching haben, rufen Sie einfach an. Ihre E-Mail oder Ihr Besuch auf der Website sind natürlich auch jederzeit willkommen.

Management Institute SECS
Stéphane Etrillard Communication & Sales
Schloss Elbroich – Am Falder 4
D-40589 Düsseldorf
Tel: 0211 – 7570740
Fax: 0211 – 750053
E-Mail: info@etrillard.com
Web: www.etrillard.com

© Holger Hahn, www.hahnfoto.de

STÉPHANE ETRILLARD (* 1966), gefragter Kommunikationsexperte, zählt zu den innovativen Wirtschaftstrainern und Coachs. Seine Schwerpunkte sind anspruchsvolle Kommunikations- und Vertriebsworkshops. Auch mit Privatcoachings sowie offenen Seminaren im Bereich Rhetorik, Dialektik und Selbst-PR ist er branchenübergreifend erfolgreich. Er vermittelt Kompetenz »aus der Praxis für die Praxis«. Zu seinen Kunden zählen Manager aus Top-Unternehmen, mittelständische Unternehmer und Politiker. Sein bewährtes Knowhow ist in den letzten acht Jahren in der Begleitung von über 2500 Führungskräften und Verkäufern aus unterschiedlichsten Branchen in Intensiv-Workshops entstanden. Seine Seminare führte er bis jetzt in Deutschland, Österreich, in der Schweiz, Belgien, Luxemburg, Frankreich, Italien sowie Russland (Moskau) durch. Durch zahlreiche Publikationen ist er als Fachautor einem breitem Publikum bekannt geworden.
Stéphane Etrillard ist auch Herausgeber des monatlich erscheinenden kostenlosen Internet-Newsletters Managementbrief-Rhetorikbrief (www.managementbrief.de beziehungsweise www.rhetorikbrief.de).